海野 優 Yutaka UNNO

ポトマックの桜物語 －桜と平和外交－

学文社

エリザ・シドモア

David Fairchild

フェアチャイルドウッド
出所）アメリカ農務省資料館

ウッドの桜とマリアン
出所）アメリカ農務省資料館

向島の桜並木(1)
出所）農水省資料館

向島の桜並木(2)
出所）『風俗画報』1896年

上野の桜
出所）『風俗画報』1900年

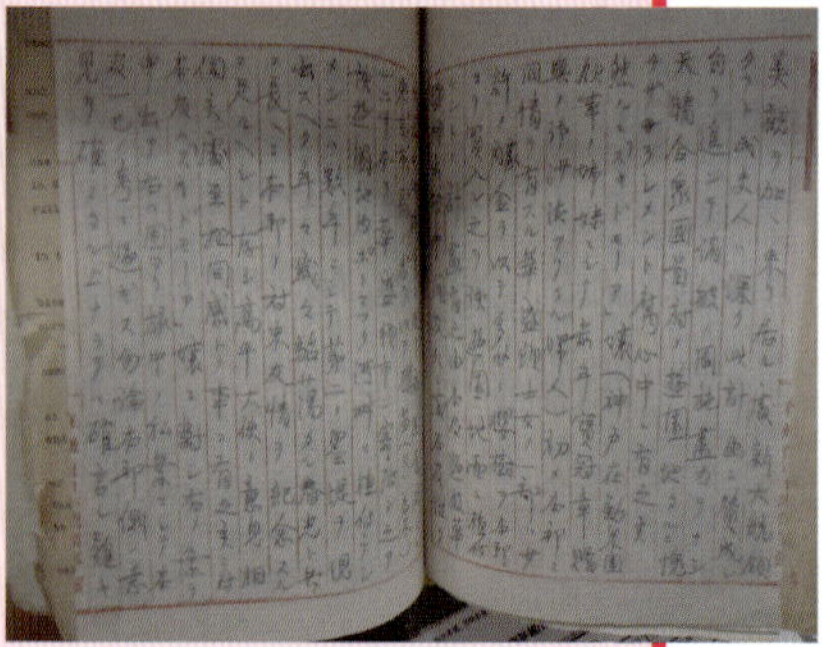

水野の書簡
出所）外務省外交史料館

✽はしがき✽

私はワシントンDCの郊外メリーランド州に住んで、今年で三十八年となる。長年の居住にともない、ワシントンDCのポトマック公園を散策する機会には数多く恵まれている。

ポトマック河の増水を引き込むための調整池「タイダル・ベイスン」や河岸に植わる「ポトマックの桜」の下を歩くと、なんとなく日本の息吹きを感ずるような気がするのである。最初は、立ち並ぶ桜の木を見ながら、「何のために、どのような経緯でワシントンDCに植えられたのだろうか」という素朴な疑問を持った。その真意を知りたく、ポトマックの桜について書かれた新聞記事や刊行物に目を通すと、一九一〇年当時の東京市長から日米友好の証として寄贈されたものだとわかった。ポトマック河畔への桜植樹は、親日家のエリザ・シドモア女史、ヘレン・タフト第二十七代大統領夫人、高峰譲吉博士、尾崎行雄東京市長などの存在と、彼らの献身的な努力によって実現したのであった。

桜寄贈にいたる歴史を知るにつれ、私の中で次なる疑問がわいた。大事を成すためには道筋をつけ、それを主導する人物と組織が必要である。しかし、わずか数人の熱意と努力だけで、果たして数千本もの苗木をワシントンDCに向けて二回も寄贈するような結果に至りえたであろうか。そんな好奇心が高じて、さらに資料を探し、目を通すまでになった。すると、私には、桜の花に対するアメリカ人と日本人の美意識というものの相違が面白く思えた。しかも、その相違を超えて、桜に魅入られたアメリカ人の「アメリカにも日本の桜を植えたい」「桜の花を咲かせたい」という思いと、「日本人の心を象徴する桜の花をアメリカ人に見せたい」という日本人の思いが、互いに引きつけあうようにして繋がりだしていくではないか。それは、まるで磁石の陽極と陰極のように引き寄せ合い、両者の思いが一九〇八年になって一つとなるのである。私には、そのできごとが、人為的な力を越えたダイナミックな何かに突き動かされたもののように思えてならなかった。同時に、もう一つ興味をそそられたことがあった。それは、日本側で「桜寄贈」という目標が立てられた時、表舞台では日本の政官界における交渉と日米間での外交交渉が展開されていくが、その舞台裏では、歴史の表舞台には登場しない数多くの人々が献身的な努力と協力活動を重ねている事実であった。例えば、伊丹（兵庫）、興津（静岡）、東京、横浜の、いわゆる「植木職人」と呼ばれる人たちまでもが、日本の花と心意気をアメリカに贈りたいと心意気を一つにしたことである。それからというもの、私の心に浮かぶ「ポトマックの桜寄贈劇」には、そんな名もなき人々のロマンが息づいて感じられ、いつか自らの手でこのテーマを物語風に再現してみたいと思うようになっていた。

そんな頃、筑波大学の鈴木伸隆先生（文化人類学）が、資料収集のためにワシントンＤＣを訪れ、我が家のゲストルームにやって来られた。以前から親交を深めてきた鈴木先生に、私の思い描くポトマックの桜物語の話をしてみた。鈴木先生は、「それは面白い見方ですね。是非とも書き起こしたらいいですよ」と仰って下さった。それだけでなく、文章を書き溜めていく方法についても、「論文にしてもエッセイにしても、構想ができたら、それを文章にしておくことです」「少しづつ文章にして書き溜める方法が一番いいのですが、一人作業というのはなかなか難しいもの。だから、学生の宿題のように期日を設定して文章化することがより良い方法ですよ」との具体的なアドバイスまで下さったのである。

私は、鈴木先生からの助言を実践してみようと、ワシントンDCの日系コミュニティー紙「さくら」の武末幸繁編集長に相談してみた。過去にも何度か私のコラムを「さくら」に掲載して下さっていたからだ。私の提案した企画は、桜寄贈までの歴史的な歩みと、日米関係者の「夢」の実現までの過程を俯瞰的にみたストーリーであり、それは試作品となるものと説明した。武末編集長は、私の持ち込んだ企画を快く受け入れてくれた。そして二〇一四年の一月から一年間にわたって、「ポトマックに咲かせた夢と花」という計二十四話のストーリーとして連載する機会を与えて下さった。

日系紙「さくら」の連載が終了した後、田甫桂三先生（鳴門教育大学名誉教授・教育史）、そして児童文学者で東京こども図書館館長の松岡享子先生に記事のコピーをご高覧いただいた。公私にわたって懇意にしていただいているお二人の先生方は、「頑張って本として出版したらどうか」とのお言葉を贈ってくださった。お二人の励ましに力づけられ、私は、二〇一五年秋から、より広範な資料に基づいて原稿の書き直し作業にとりかかった。毎晩、少しずつ原稿の書き直し作業を進め、約一年後に作業を終えた。できる限り資料に基づいて記述するように心掛けた。予定以上に時間はかかったものの、ようやく歴史物語風のストーリーとして完成させることができた。本書のタイトルは、「桜たちの会話」から着想を得て、『ポトマックの桜物語―桜と平和外交』とすることにした。

この度の出版にあたっては、多数の方々にお世話になった。その方々のご指導とご協力があったからこそ実現したものである。執筆活動に取り組むにあたって、まず私の背中を押してくださったのは鈴木先生、田甫先生、松岡先生のお三方であった。そして、構想を物語として執筆する際には、武末編集長により原稿執筆の場を与えていただいたのは前述の通りである。

新聞への連載記事をもとにして本格的な加筆・修正作業を開始するにあたっては、大学時代の級友・左居康雄君が、ポトマックの桜物語に必要な日本側資料の収集と複写作業を担当してくれた。彼は国立国会図書館、外務省外交史料館、尾崎行雄記念館、日本郵船資料館、横浜植木株式会社などに足を運び、資料・情報収集に尽力してくれた。執筆原稿に数々のアドバイスを与えてくれ、校正作業も手伝ってくれた。まさに、彼は私の右腕といってもよい存在であった。

そして、私の書き直し原稿において、さらに丹念なご指導・ご助言を下さったのは田甫先生である。国会図書館の資料や当時の新聞記事で事実の確認をして下さったうえ、文章構成や個々の表現にいたるまで、数々のご指導をいただいた。それは、さながら学生時代に指導教官から受けた論文の添削指導のようであった。学文社の田中千津子社長をご紹介下さり、本書の出版への道筋をつけて下さったのも田甫先生であった。

田中社長は、出版業界が厳しい折であるにもかかわらず、プロでもない「日曜作家」の私の原稿をあえて出版するという決断をしてくださった。そして、編集や校正段階においても親切なまでのご指導とご助言をくださったのである。

もう一人の支援者を挙げさせていただくと、それは私の妻のホアンである。時には、私の本職の仕事を肩代わりしてくれたり、執筆への励ましを与えてくれた。まさに、皆様の協力を得て完成させることのできた共同出版物である。この場を借りて、お世話になった皆様に厚くお礼を申し上げたい。

二〇一七年一月

早春のワシントンＤＣにおいて

海野　優

目次

プロローグ——ポトマックと桜

ささやかなセレモニー

一九一二年三月二十七日は朝から青空の広がるよい天気となった。気温も暖かく、川面を渡ってそよぐ風は春の訪れを告げていた。

タイダル・ベイスン（引き込み池）の一角に何台もの車が連なり、河畔には立派な身なりをした十人ほどの人たちが集まっていた。苗木とスコップを持つ陸軍の工兵たちの姿も混じって見られた。場所は、ワシントン記念塔の南面のタイダル・ベイスンに架かった橋のたもとである。どうやらなにかの記念植樹式が行われているようだ。

セレモニーは陸軍省公共土地・建造物管理庁のスペンサー・コスビー大佐による短い挨拶で始まった。続いて、工兵たちが二人の貴婦人の前に進むと、リボンのついたスコップを二人に差し出した。

そして、足元に掘ってある深さ三十センチほどの植穴に、樹高一メートルばかりの苗木を植えつけた。スコップを手渡された貴婦人はファースト・レディーのヘレン・タフトである。もう一人は、珍田いわ日本大使夫人であった。

最初にヘレン・タフト大統領夫人が植樹をした。樹高の高い方の苗木に、ひと掬い、ふた掬いと、都合三回の土を根元に盛りかけた。

続いて、スコップはいわ夫人に手渡され、二本目の桜苗木が植樹された。苗木は日本から送られてきた染井吉野桜であった。再び拍手があがった。いわは誇らしい気持ちを抑えて一礼をした。いわの前にタフト夫人が歩み出た。手にはアメリカンローズの大きな花束を抱えていた。そしてバラの花束をいわに贈ると、「サンキュー　ソウ　マッチ　フォー　ザ　ワンダフル　ギフト　フロム　ジャパン（日本からの素晴らしい贈り物に深く感謝いたします）」と礼の言葉をかけた。

植樹式は、ヘレン・タフト、珍田いわをはじめ、アーチー・ブット、スペンサー・コスビー、ジェームズ・ウイルソンら、ごく少数の関係者の参列でささやかに催された。

ヘレン・タフトの他に、特別な感慨をもって植樹式を見守るもう一人の女性がいた。エリザ・シドモアである。日本の桜をポトマック河畔に咲かせたいと一心に願ったエリザにとって、二十七年目にして夢が叶った瞬間であった。エリザは、目の前に立つ小さな桜苗木の逞しい生命力を称えつつ、心の内で桜に声をかけた。「長い道のりであったけれど、多くの人の協力と、タフト夫人の存在があったからこそ、日本の桜をポトマックに移植することができたのですよ。桜よ、努力して下さった皆さんのために、どうか立派に花を咲かせて下さいね」と。

エリザは空の青さを映すタイダル・ベイスンに目を転じた。キラキラと太陽の光が反射する水面を見ていると、過ぎし日の思い出が走馬灯のように彼女の脳裏を駆けめぐった。それと同時に、夢を同じくしたデイビッド・フェアチャイルド、チャールズ・マーラット、高峰譲吉、水野幸吉らの姿がふと現れ、この日の植樹式を祝福するかのような笑顔が浮かんで消えたような気がした。

1 アメリカ人ジャーナリストの日本体験

エリザ・シドモア日本へ

エリザ・R・シドモアが日本の桜に魅了されることになったきっかけは、偶然の出会いとでもいえよう。

一八八三（明治十六）年のアラスカ旅行のあと、「紀行ジャーナリスト」と呼ばれる米国ジャーナリズム界での新しいジャンルを切り開きつつあったエリザは、再び未知の国を訪れたいという思いに駆られていた。そこで、一八八一（明治十四）年から横浜領事館に勤務する兄のジョージ・ホーソン・シドモアを頼って、日本という東洋の発展途上国を旅することになった。まさかこの旅が彼女に運命的な出会いをもたらせようとは露知らず、エリザは一八八四（明治十七）年の晩夏、シアトルを旅立った。

エリザ・シドモア

エリザは、一八五六（安政三）年十月十四日にアイオア州クリントンで、父ジョージ・ボーレス・シドモアと母エリザ・キャサリーン・シドモアの第二子として生まれた。エリザには二歳年上の兄ジョージ・H・シドモアがいた。エリザの生後まもなく、一家はウイスコンシン州マディソンに移り住んだ。

エリザが五歳の時、アメリカを二分する南北戦争が始まった。父親は北軍に志願するため西部へと旅立っていった。父親を欠く家庭となったシドモア一家は、生活の安定を求め、母は子どもたちと一緒にワシントンDCに移住した。時の大統領はエイブラハム・リンカーンであった。

母親は連邦議事堂とホワイトハウスの中間地点辺りの家を購入すると、一家の糧を得るためにボーディング・ハウス（民宿）を始めた。ボーディング・ハウスには多数の政治家、行商人、旅行者が宿泊した。ジョージとエリザは、利用客から、見たこともない土地の話や初めて聞く珍しい話を耳にしながら幼少期をすごした。知らずのうちに、二人は遠くの国や未知の国に強い関心をもつようになっていった。

一八七三（明治六）年、十七歳になったエリザは、オハイオ州にある私立オベリン大学に入学した。小さいころから本を読むことが好きだったエリザは、大学生になると文章を書くことに興味を持ち始めた。勉学を積むにしたがって、将来は夫や子どものための良き妻、母親になろうという当時の女性の一般常識にとらわれることもなく、自立した女性として生きて行きたいと考えるようになっていった。とはいえ、女性の職業だと考えられていた教師や看護師になろうなどという考えはなかった。それよりも、未知の国、異文化の国を旅行したいと夢見るのだった。

オベリン大学で二年間の高等教育を終えると、エリザは新聞記者の見習いになることを決意して母親の住むワシントンDCに戻った。一年間ほどの見習いをすませたエリザは、「婦人記者」としてジャーナリストの世界に飛び込んだ。幸いなことに、エリザの叔父にあたるデイヴィッド・アトウッドがウイスコンシン州マディソンで、「ウイスコンシン・ステート・ジャーナル」という新聞社を経営していた。叔父の援助を得たエリザは、「特派員」の仕事をすることになり、彼の新聞にワシントンDCの記事を書き始めた。次第に「婦人記者」としての才能を開花させたエリザは、ニューヨーク・タイムズやセントルイス・グローブ・デモクラトなどの新聞にも、乞われて通信記事を寄稿するようになった。

一八八三（明治十六年）年七月、二十六歳のエリザは、自然の宝庫で名高いアラスカへの旅を思い立った。郵便物や物資の運搬船「アイダホ号」が、アラスカ各地を旅行したい人のために初めて乗客を乗せることになった。エリザは乗船切符を購入すると、未開の大地に向けて一人旅に出た。

エリザはアラスカの村民やイヌイットを訪問して一ヵ月間、人々の暮らしぶりや風俗慣習についての見聞を記録した。その見聞記録を記事にして、いくつかの新聞や雑誌に寄稿した。「特集記事」として掲載された見聞記は好評を博した。

アラスカ旅行から一年が過ぎた。エリザは、再びどこか遠く、異文化社会とそこに暮らす人々を見たいという好奇心にかられていた。次はどこに行ってみようか。ロシアがいいかしら。中国にしようか。それとも、兄ジョージが勤務する日本がいいかしら。エリザは地図を眺めながら次の旅行体験に胸を膨らませるのだった。

エリザはジョージの意見を聞くために手紙を書いた。一ヵ月余りが過ぎて、兄からの返信が届いた。手紙には、「現在の日本は、まだまだ外国人が気ままに各地を歩き回る自由はないけれど、政治も社会も落ち着き、安全な国となりました。日本人の礼儀正しさや清潔な暮らしぶりはヨーロッパ人以上です。そして、日本の文化や伝統芸術には目をみはるものがあります。僕が横浜で勤務する間に、是非一度日本を訪れることを勧めます」と書かれていた。来日行程についてのアドバイスは、先にシアトルから上海に向かい、そこから横浜行きの定期船を利用すればよい、という。上海を見て、次に日本を見れば、中国と日本を比較することもできるからだ。兄の意見に励まされ、エリザは日本行きを決意した。

太平洋を渡る二週間ほどの航海で、エリザは上海に到着した。ここで、日本へ向かう船に乗り換えねばならない。エリザは郵便汽船三菱会社の乗船券を買い求め、上海を出港する「東京丸」に乗り込んだ。船は木造外輪船だった。

時期的に台風シーズンではあったが、「東京丸」は横浜への帰路を順調に進んだ。予定通りに瀬戸内海を抜けて神戸港に立ち寄ったのち、紀伊半島をめぐって、再び外海に出た。「東京丸」は流れの速い黒潮に乗って最後の航路を横浜へと向かった。

九月十日、船は浦賀水道に入った。浦賀水道の入り江は断崖が険しく切り立って、男性的な海岸である。しばらく進むと、景色は、海辺から伸びる丘陵に変わった。そこは、緑に覆われた穏やかな山腹で海岸は女性的な姿に一変した。右舷の房総半島側でもなだらかな段丘が広がっている。海上には四角い帆を揚げた小船がのんびりと漁をしている。エリザは蒔絵の世界を眺めているような錯覚を覚えた。

「東京丸」は三浦半島の観音崎を左に旋回し、波を切って進んだ。横浜港に近づくにしたがって、海岸沿いに村落が見え始めた。海岸の松林や竹林の間から、藁葺き屋根の小さな家々と人形を思い起こさせる小柄な日本人の姿が垣間見えた。これまでに旅したヨーロッパやアラスカ、そして日本への途中で立ち寄った中国の海岸線とは異なる眺めであった。

エリザは心のときめきを覚えた。兄ジョージが勤務する東洋の果ての国にやってきたからなのだろうか。中国や朝鮮というアジアの王国とは異質な、礼儀正しい、洗練された国民が住むという日本に辿りついたからなのだろうか。二週間余にわたる船旅の終着を前にして、感動と期待で胸を熱くさせながらエリザはデッキに立ち尽くしていた。

船は横浜港に近づいた。船員たちは甲板を忙しく駆け回り、乗客は下船の準備を始めた。その時だった。突然、「ドーン」という鈍い音とともに衝撃が船内を走り抜けた。船が何かにぶつかったようだ。キャビンのエリザも、もう少しで体が前のめりになるところだった。窓から外を眺めると、船は動きを止めていた。

間もなく、船内にアナウンスが流れた。船が湾内の浅瀬に乗り上げたと言う。大した事故ではないが、乗客は艀《はしけ》で埠頭までお送りしますと案内していた。

船客は、船員の案内にしたがって手荷物を抱え、艀に乗り移った。艀は湾内に停船する船舶やせわしげに行き交う小船の間を縫って、埠頭の桟橋まで数百メートルの距離を進んだ。その横を別の小船が通り過ぎていく。船を操る船頭の所作がなんとも奇妙であった。誰もが不思議な声をかけながら櫓を漕ぐのだ。櫓は西洋の船乗りが使うようなまっすぐな櫂ではなく、弓の弦のように曲がった形をしている。それを船尾から海中に突っ込んで、奇妙な掛け声にあわせてゆらゆらと漕いでいく。エリザにはそれが不思議な光景として映った。

艀が桟橋に着いた。埠頭は船客を迎える人たちでごった返していた。中ほどに数人の西洋人がかたまって見えた。そのなかの一人が高く上げた手を左右に振っていた。

「ハーイ、エリザ、アイム・ヒア！」。ジョージがエリザを見つけて声をあげた。

「ハーイ、ジョージ！　サンキュー！」。兄の姿に気づいたエリザも力いっぱい手を振って応えた。

エリザは横浜港税関事務所で簡単な通関手続きを済ませると、兄の待つロビーへと歩みを進めた。

「ハウ・アー・ユー、ジョージ。ユー・ルック・グレート！」

「ユー・トー、エリザ。ウエルカム・トー・ジャパン」

二人は互いに手を取り、再会の喜びを込めて肩を抱きあった。

外交官の妹ということでエリザの通関手続きは簡単に終わった。兄と彼の友達に伴われて税関事務所の玄関を出ると、潮の香りを含んだ涼風がエリザの首筋をなぜて過ぎた。

税関事務所の玄関前には人力車と呼ばれる乗り物が客待ちをしていた。欧米の馬車に似ているが、車夫が引く人力の乗り物なのだという。人力車のまわりでは、腹掛けに股引《ももひき》姿で饅頭笠を被った車夫や、木綿の半纏《はんてん》を引っ掛けた車夫たちが立ち話をしている。キセル煙草をくゆらせている者もいた。端正に和服をまとう日本人は、上海の港周辺で見た中国人に較べて、身奇麗で優雅であった。エリザは日本人の清潔な感じに好意を持った。

ジョージは妹の出迎えのために雇った車夫たちを手招きした。三台の人力車が目の前に勢ぞろいすると、先頭の人力車にジョージが乗り込んだ。次の車にエリザ、そして最後の車に兄の友達が乗り込んだ。エリザにとって日本の旅の第一歩であった。彼女は少女のように胸をときめかしながら人力車の座席に深々と腰を下ろした。

三台の人力車は、横浜のアメリカ領事館近くに建つホテルを目指して走った。人力車を引く車夫は、梶棒の中で少し前かがみになって、草鞋《わらじ》履きの足をパタパタとリズミカルな音を響かせ、規則正しい歩調で車を引いていく。港に沿って走る海岸通りには、クラブハウス、ホテル、公館が立ち並んでいた。人力車の上から港町と路上を歩く日本人を眺めながら一人呟《つぶや》いた。

「東京湾から見た日本の海岸風景はとても素晴らしかったけど、横浜の街の風景はたいしたことないわね」

近年、急激に建築された西洋風な建物が並ぶ海岸通りには、絵でみるような美しい東洋的な風情は感じられなかった。瓦屋根の低い日本家屋と家を囲む塀や生垣も見られるのだが、石造りの建物にまじる景観全体が、日本的でもあり、また欧米的にも見える。なんとなく中途半端な街並みとして映ったのだ。それでも、とエリザは思い直す。アメリカの波止場や港町の乱雑ぶりに較べると、横浜の港町はきれいに整備されているではないか。人力車に揺られるエリザはそんなことを考えつつ、通り過ぎていく街の風景を眺めていた。

ホテルに旅装を解いたエリザは、翌日から横浜の街を散策し始めた。ホテル周辺の領事館や銀行、クラブハウス、商店などのあるビジネス地区をブラブラと歩きまわった。郊外や少し遠くの地域まで足を延ばすときには人力車を雇って出かけた。

人力車は、明治期に日本人がアメリカの馬車を真似て作った人力用大型二輪車だと言われている。それが日本で瞬く間に普及し、大きな街にはなくてはならない乗り物となった。公共の場やホテル、商店街の近くで客待ちをしているこの乗り物は、アメリカ人にはとても安い料金で利用できる。ジョージの話では、「母国の馬車一日分の料金で一週間分くらい借り上げられる」そうだ。車夫たちも、容姿に似合わず、親切で正直そうだ。横浜に到着したその日から人力車の世話になったエリザは、快適な乗り物だと思った。「空飛ぶ肘掛け椅子」とさえ呼んだ。

日本には、長距離輸送の手段といえば沿岸を航行する船舶しかなかった。だが、一八七二（明治五）年になると新橋と横浜を結ぶ鉄道が開通し、東京との交通は便利になっていた。まだ一般市民は徒歩の旅を余儀なくされたが、近距離の移動には駕籠《かご》か人力車が利用されるようになった。

日本の生活に馴染んできたエリザは、人力車を雇って横浜や近郊を見て歩いた。横浜の地域が三つの地区に分けられているのを知った。一つは「居留地」と呼ばれる地区で、外国貿易商たちがオフィスや店を開き、安全にビジネスを展開している場所である。「居留地」の中を堀川という水路が走っていた。堀川を境界線として、その西側に広がる山手地域は「ブラフ」と呼ばれている。外国人が居住する地区で、各国の病院や伝道教団の施設も開かれていた。横浜市から少し北側に離れた地域は「日本人街」である。本町通りには、古漆器、銀細工、古磁器、象牙彫刻、絹などを取り扱う骨董店が立ち並ぶ。弁天通りは、絹織物、縮緬《ちりめん》、錦織などを商う露天商がひしめき、「骨董《こっとう》ハンターの天国」と言われていた。歓楽地区を思い起こすような活気に満ちた場所である。エリザは日本人の風俗を直に見学できる「日本人街」が気にいった。お天気の好い日は、しばしばペンとノートブックを携えて歩き回るようになった。

山手を越えた先の村落まで足を延ばすと、農家と田畑の広がる農村地帯であった。ここで農民の作業風景や子どもたちの遊びを観察することも大好きだった。日本では農家にかぎらず、どこの家にも小さな庭園があり、樹形の整った木々が植えられている。立派な庭を持たぬ家では、家屋のまわりに花を植えたり、盆栽を並べている。エリザは、日本人の自然を愛でる気持ちと独特の園芸術に感心した。

兄や領事館の友人と一緒に鎌倉や江ノ島まで遠出をすることもあった。日本の古い歴史が残る鎌倉もお気に入りの場所だった。弓状の砂浜に沖からの波が寄せては返す太平洋を南に望み、北側に広がる丘陵地には穏やかな姿の大仏が鎮座している。栄枯盛衰を偲ばす神社や寺院もたたずむ。境内をめぐり、築山のある美しい山水庭園を眺めるのも楽しいものだった。

鹿鳴館

出所）日本郵船所蔵

初めて見る桜

明治維新から十七年目の一八八四年になると、東京や横浜の街では欧米人の姿も物珍しい存在ではなくなっていた。明治政府と親交を結ぶ欧米の外交官や貿易商人たちが多数来日するようになったからだ。

時代の変化にあって、外務卿・井上馨は欧米諸国と円滑な外交交渉を行い、日本の文明開化を促進することが重要だと考えていた。将来における不平等条約の改正を目指したからだ。そこで、欧米式の交流と社交術を学び、舞踏会や親睦会を通じて外国と信頼関係を強化していくために鹿鳴館を開設した。

鹿鳴館は、英国人建築家ジョサイア・コンドル設計によるルネッサンス風の建物として、前年の八三（明治十六）年十一月二十八日、麹町区山下町（現在の千代田区内幸町）に開館された。連日のように舞踏会や演奏会、バザーが開催され、この界隈で欧米人の姿を見かけない日はなかった。

この当時、まだ外国人が許可証なくして訪問できる場所や施設は限られていたものの、日本国内での移動はだいぶ自由になっていた。外交官を兄にもつエリザは、外交官特権の恩恵を得て、一般の外国人には制約されている神社や芝居劇場、公共施設などに立ち入ることができた。時にはジョージに連れられて鹿鳴館で開かれる舞踏会やバザーに出かけることもあった。エリザの交友範囲は、外国人外交官だけでなく日本の政府高官や知識人たちにも広がっていった。

鹿鳴館で知り合った日本人たちは、あそこへ行ってみたか、ここを見学したか、などと東京府にある著名な場所や施設を親切に教えてくれた。

ある高官が言う。「秋と春には、横浜に近い根岸町で競馬大会が開催されるんですよ。時には、天皇陛下も東京からお遊びになられ、競馬をご覧になるんです。またそこから見る富士山がとても美しいので是非一度、見学されては如何ですか?」

また別の高官は、「三月末から四月にかけての時期も素晴らしいですよ。日本人なら誰もが愛する桜の花が満開になるからです。全国どこでも桜は咲きますが、東京府にある上野と向島の桜は絶対に見る価値はありますよ」と教えてくれる。

高官に付き添う夫人も言葉を添えた。「四月の二週目には、浜離宮御料地で天皇、皇后様がご臨席されて、恒例の『春の観桜会』が執り行われるのですよ。ねえ、あなた、一度エリザさんをご招待できるように宮中に取り計らって差し上げたらいかがなものでしょう?」

「それはよい考えだな。その時期になったら、宮中にご招待状を出して頂けるよう計ってみよう」

菊の花と紅葉狩りの秋がいい、と言う人もいる。日本人の会話には、常に自然と季節の草花が話題にのぼるのを知ったエリザは、観察ノートにこう書きしるした。「日本人は、自然を愛し、花をあがめる精神と感受性を先祖から受け継いでいるようです。その精神は、伝統文化から毎日の生活環境の中にも見ることができます。アメリカ人には考えもおよばぬ芸術的能力を有しているといえるのです」と。

一八八五(明治十八)年の新年が過ぎ、梅の季節も終わった。待ちに待った春の到来である。春の風に背筋を伸ばすころになると、一般市民も上流階級の人たちも、誰もが会話の挨拶言葉に桜を使い始める。エリザは、話に聞く上野と隅田川・向島の桜を見ようと心に決めていた。

三月の末を迎えると、横浜でも、鎌倉でも、上野でも、各地で桜の開花が始まった。薄ピンクの雲があちこちに浮かんでいるようで、辺りは美しい幻想につつまれていた。西洋人の好きなバラは愛の喜びを知って成熟した貴婦人を思わせる美しさをもつが、桜には処女の恥じらいを連想させる清楚な美しさがたちこめている。初めて桜を見たエリザは、すっかり桜に魅了されてしまった。

暦が四月に変わる頃、ようやく東京の桜が見ごろとなった。エリザは友人を誘って、三キロメート

向島の桜並木

出所）国立国会図書館所蔵

ル余りも続く桜の並木道があると聞いていた向島の桜見物に出かけることにした。

いつものように人力車を雇って向島へと走らせた。隅田川までくると、思わず驚きの声をあげた。ピンク色のわた飴を川岸に飾りつけたような景観が眼前に広がって見えたからだ。桜の花道の下を数え切れないほどの老若男女が往きかっている。川面に目を向けると、花見客を乗せた無数の川舟でひしめき合っている。花見客の交通整理をする巡査の顔も、この日は仕事を楽しんでいるようだ。向島はまさに桜の祭り一色に包まれていた。

エリザたちの近くに人力車を連ねた花見客のグループが到着した。誰もがおそろいの派手な模様の手拭いを頭にかぶり、無地の布切れを襟に巻きつけていた。お面や奇妙なかぶりもので変装する客を乗せた川舟は、川岸沿いを緩緩《ゆるゆる》と行き来している。

エリザたちも人力車を降り、花見客の流れに続いて、低く垂れた長い桜並木を歩き出した。エリザは川岸の水辺に目をやって、思わず息をのんだ。並木道に咲く桜の花が川面に映り、そのままゆらゆらと揺れて映っていたからだ。幻想的な美しさに、エリザは一瞬、我を忘れた。

川沿いに並ぶ茶店の前には菰被《こもかぶ》りの酒樽が積み重ねられていた。花見客に売る酒である。店の前に並べた縁台の上ではささやかな小宴会だ。茶店から離れた土手では、いくつもの団体が酒宴を張っている。彼らは、彩り豊かな料理を詰めた重箱を広げ、酒を満たした瓢箪《ひょうたん》や手桶を真ん中に、花見の酒盛りを楽しみ騒ぐ。三味線をかき鳴らし、手拍子で歌を唄い、尻端折《しりはしょ》りで陽気に踊りだす。花見遊歩する通りすがりの人に向けても景気づけの酒を振る舞う。外国人の姿をみると、「異人さんも一杯どうですか?」と気軽に声をかけてくれる。これが向島の花見なのだ。

陽気な宴と化したピクニックは、金と意識の続く限り、酒を瓢箪《ひょうたん》や手桶に補充し、花見の酒宴が一日中続くそうだ。驚くべきは、お酒をあおっても、喧嘩や乱暴な振る舞いなどめったにないという。日本人は、酒と歌と陽気な笑いで春の狂喜乱舞《きょうきらんぶ》を楽しむ大らかな国民であるようだ。

春になって桜の花が咲くと、街の人も田舎の人も、金持ちも貧乏人も、一様に春の到来を喜び、桜への親愛をほとばせる。古来より、桜は日本人の心に「春の詩的魅力」を沸き起こす驚くべき植物であると言われてきたゆえんでもある。

エリザは次のように記録した。

「向島のカーニバルは古代文明人のお祭り騒ぎに匹敵する。日本人―この確かな審美眼を備えた国民が古代ローマ人にそっくりだということをまたまた例示してくれるのが、この春の酒宴である」と。

一直線に延びる川岸の桜並木と川面に映る桜のコントラストが、幽玄的な美しさとしてエリザを魅了した。エリザの心のなかでは、実のならない桜の花を愛でる日本人の心情を解し、桜の儚い命に日本人独特の優美繊細な情趣「ものの哀れ」を共感できる思いがした。

エリザは桜花の下をそぞろ歩きしながら、日本の桜と向島の桜並木を瞼の奥に焼き付けるのだった。

一八八五（明治十八）年の初夏、一年ほどの日本滞在を終えたエリザはワシントンDCへ戻った。ワシントン記念塔の周辺では、三年前から始まったポトマック河岸辺の干拓工事が進んでいた。

当時のポトマック河はワシントン記念塔の近くまで水を湛え、葦《よし》の生える湿地帯であった。この河は、昔から大雨のあとや雪解けの春になるとよく氾濫を引き起こしてきた。特に、一八八一年二月の氾濫では市内の中心部で七十センチ以上も冠水した。議会は水害防止のために河底の浚渫《しゅんせつ》工事を決議すると、翌年から陸軍工兵部隊による工事を開始した。

エリザは河畔の工事現場を歩いた。かつての岸辺や湿地帯は広く埋め立てられ、河底から掬《すく》い上げられた土砂が土手のように盛り上げられていた。ワシントン記念塔の南側には大池ができあがっていた。河の中ほどでは、南に長く突き出した半島のような中の島を造成しているところだった。工事現

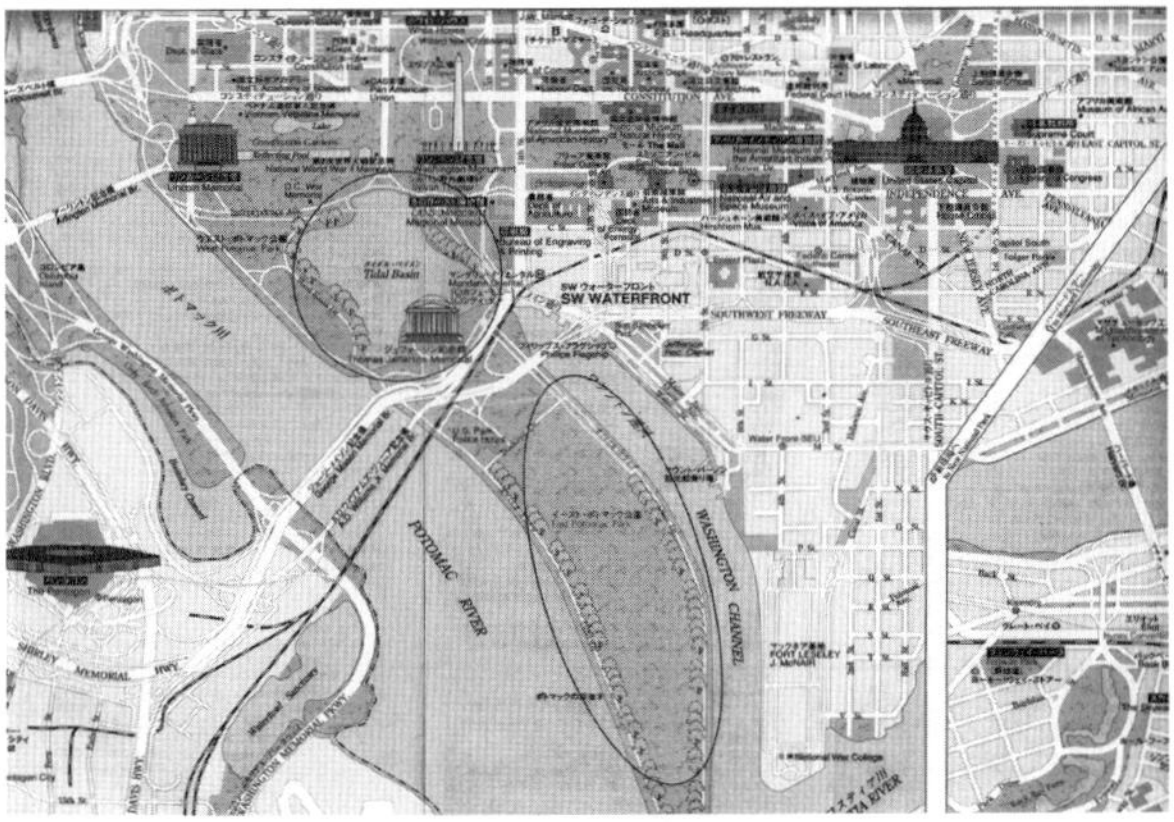

ポトマックの桜地図

出所）横浜植木株式会社所蔵

場は一面泥山と泥沼でしかない。まるで、爆撃を受けた戦場地みたいな景色であった。

　エリザは、工事現場で働く人に将来の河畔像を聞いてみた。その人は、「ポトマック公園」という名称の干拓公園が出来上がるのだと説明してくれた。

　ある日の午後、ゆったりと流れるポトマック河を右手に、人造の引き込み池を左手に見ながら歩いていた。突然、エリザの脳裏に向島で見た桜並木の光景が思い出された。

「そうだ、ポトマック河の桜並木よ！　河岸に桜を植えれば、向島のように岸辺に桜が咲き、河面に満開の桜が映し出されるはずだわ。うまくいけば、向島に劣らぬ桜の名所が出現するのよ！」。エリザの心には、泥土一帯がピンクの桜で綾なす景観となって浮かんだ。

　それからというもの、エリザは河岸に桜が林立するイメージを思い浮かべながら工事現場を歩くように

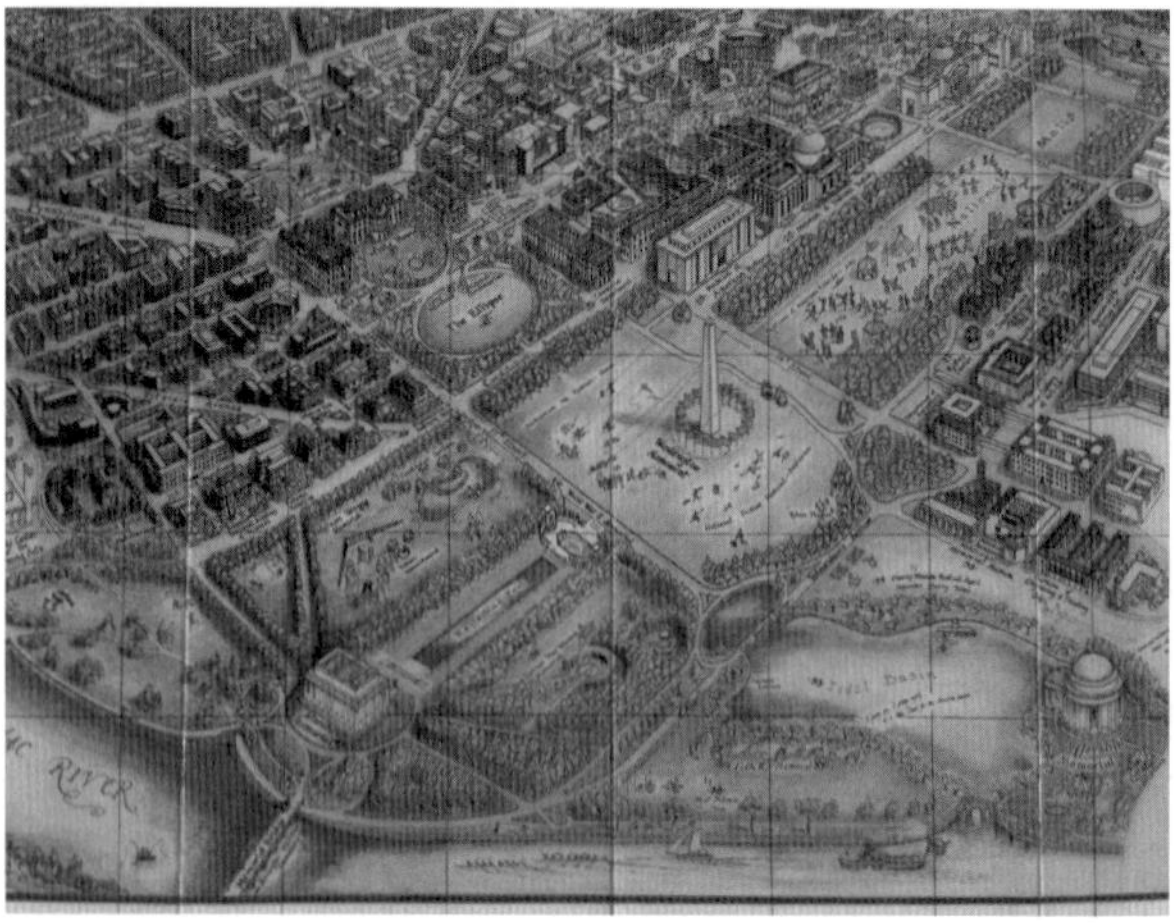

現在のポトマック河畔

出所）ワシントン観光局

なった。現場監督官らしき人を見かけると、彼に尋ねた。

「大変大掛かりな造成工事ですね。ポトマック公園が完成したらどこが監督官庁となるのでしょうか？」

「イエース、マーム。『公共土地・建造物管理庁』が監督官庁となるんですよ」

それからしばらくして、エリザは日本の桜の写真や錦絵を準備して監督官庁のオズワルド・H・アーンスト長官を訪ねた。

長官を前にしたエリザは、桜がいかに美しく、気品ある樹木であるかを懇々と説いた。

「ポトマック河沿いに日本の桜を植樹したら、ワシントンは世界でも有数な美しい街になると思うのです。ですから、長官の裁可をもって、是非とも桜並木の計画を実現していただきたくお願い申し上げます」

　黙ったままエリザの提案に耳を傾けていた長官が答えた。

「あなたのご提案は素晴らしいものだと思います。でも、そのアイデアを実行することは無理でしょう。なぜなら、外国から樹木を購入してまで埋立地を整備するだけの予算もなければ、その提案を支持してくれる議員を確保することなどできないからですよ」

　エリザは、大きく膨れ上がった風船が弾けたような、沈んだ気持ちで庁舎をあとにした。それでも、エリザは向島の桜風景をこのワシントンＤＣの地に再現したいという気持ちを諦める気にはなれなかった。

2 桜に魅せられて

デイビッド・フェアチャイルドと桜

二十世紀を前にして、日本の対外政策は大きく変わろうとしていた。きっかけは一八九四（明治二十七）年の日英通商航海条約調印であった。

この条約の発効にともなって、安政の五ヵ国条約以来ひきずってきた不平等条約のひとつが解決した。治外法権の撤廃である。日本政府が在留外国人に対して自由な居住権を与えることになると、より多くの外国人が行き来するようになった。デイビッド・G・フェアチャイルドという青年もその一人だった。

一九〇一（明治三十四）年十一月初旬、上海へ向かう蒸気船がサンフランシスコを出発した。乗船名簿には、トーマス・B・ラスロップと一緒にフェアチャイルドの名前が記載されていた。二人とも住所はワシントンDCであった。トーマス・B・ラスロップは五十四歳。渡航の目的はアジアに生育する竹の調査と収集である。もう一人は三十二歳になる植物学博士・デイビッド・G・フェアチャイルドであった。ラスロップの調査をサポートするかたわら、自身の専門領域である世界中の植物、果樹、野菜とそれらの種苗調査を行うことだった。

船はホノルルに立ち寄った。二人はアジアでの調査研究について打ち合わせをするため、米国農務省ハワイ支部を訪ねた。調査計画では、ホノルルから上海経由でインドに渡り、そのあと中国と日本を巡ってアメリカに帰国する予定となっていた。計画と渡航申請が受理された二人は、再び船上の人となった。

ラスロップは一八四七年、ヴァージニア州アレキサンドリア市の生まれ。祖父のジェームス・バーボアはヴァージニア州の州知事を務めた人であり、ラスロップの父親は実業家として活躍した。ラスロップは「サンフランシスコ・モーニング・コール」という新聞社の記者をしていたが、彼が四十三歳のときに父親を亡くし、莫大な遺産を相続した。一生安泰に過ごせるだけの財産を得たラスロップは記者を辞め、社会事業家に転進した。旅行の好きな彼は、同時に世界旅行家にもなった。

ラスロップとフェアチャイルドの出会いは、一八九〇年末にラスロップが熱帯アジアで植物収集をしているときだった。彼は、若き有能なフェアチャイルドに植物探検家となることを勧めたのである。

実際、フェアチャイルドが植物探検家になると、彼の渡航費用一切を支援するのだった。ラスロップ自身も生涯を竹の研究に没頭し、晩年にはジョージア州サバンナ近郊に「バンブー・ミュージアム」を開設した。

デイビッド・フェアチャイルドは一八六九年四月七日、ミシガン州ランシング市に生まれ、カンザス州マンハッタン市で成長した。彼の祖父グランディソン・フェアチャイルドはオベリン大学創設者の一人で、その息子のジェームスは同大学の総長を務めた。三男であるデイビッドの父親はカンザス州立大学農学部学長の任にある教育一家であった。

デイビッド・フェアチャイルド
出所）アメリカ農務省資料館

父親が指導する同大学の農学部を卒業したデイビッドは、後に著名な生物学者となる叔父のバイロン・ホルステッドと一緒にラトガース大学大学院で勉強を続けた。その後、オベリン大学に移り、より学術的研究を続けた。植物学博士となって実社会に出たフェアチャイルドは、米国種苗調査官となり世界中の植物、果樹、野菜類を調査するようになった。生涯に二十万種もの植物や果樹をアメリカに紹介・移植しており、大豆、ピスタッチオ、マンゴー、ネクタリン、ナツメヤシ、竹、桜などがその主なものである。

ホノルルを出港して数日後のことだった。ラスロップとフェアチャイルドが乗る船の航路が急きょ予定変更となった。前方のマリアナ諸島付近で大型台風が発生したからだ。台風を避けるため、船は舳先を横浜へと向けて全速力で走った。二十四時間で横浜港に入り、錨を降ろした。

「ミスター・ラスロップ、我々は横浜に三日ほど停泊するそうですよ」

上級船員から船の予定を聞きつけたフェアチャイルドが報告した。

「そうか、三日ほどの自由時間があるのか。それなら、前もって日本の竹の情報を集めてみることができそうだな。どうだいデイビッド、明日、横浜にある植木屋か種苗会社を訪ねてみようじゃないか」

「それはよい考えですね。あのエジソンも、電球のフィラメントにあたる部分は日本の竹から取った繊維を使用していますから、きっと日本にはよい竹があるのでしょう。そうしましょう」

インドと中国を巡ったあとで日本に立ち寄る予定の二人は、あらかじめ事前調査をすませておこうと考えたのである。フェアチャイルドが手帳に書きとめてある「横浜植木」を訪問することにした。

一八八〇年代に入ると、欧米人が日本の植物や盆栽を買い求めるようになった。特に外交官や旅行者はお土産に、園芸商人たちは輸入用の買い付けをした。そんな時流に乗って、一八九〇（明治二十

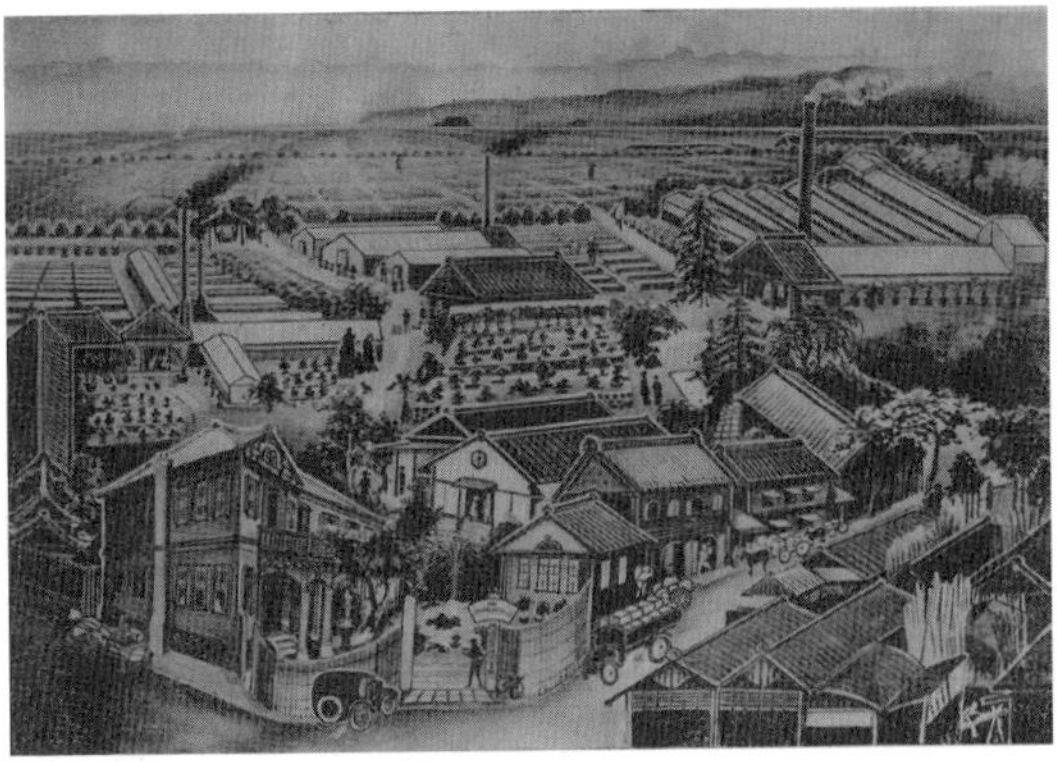

横浜植木株式会社

出所）横浜植木株式会社所蔵

三）年に植物や植木の輸出を目的とした種苗協同組合が横浜に設立された。そのひとつに「横浜植木商会」（後の「横浜植木」）があった。この会社ではロンドンとニューヨークに現地事務所を開き、ユリの球根をはじめ、シダ類植物、植木、潅木類を紹介・販売をしていた。

そして翌日、二人は人力車を雇って「横浜植木」に出かけた。園芸庭園を覗《のぞ》くと、首に手ぬぐいを巻き、印《しるし》半纏《ばんてん》を羽織って元気に仕事する男性園芸職人や、明るい藍染の着物に前掛けを垂らし、頭に青と白の手ぬぐいで姉さん被《かぶ》りの女性たちが球根の袋詰めに精出していた。

「ハロー」。フェアチャイルドが中年の職人に声をかけた。

「私たちはアメリカからやってきました。あなたの会社の社長か責任者にお話をしたいのですが」

職人は外国人のお客にも驚いた様子を見せることなく、

たんたんと日本語で応対する。

「これは、これは、ようこそ遠く日本までお出でくださいましたな。こちらへどうぞ」

そういって身振り手振りで自分の後についてくるように伝え、二人を事務所に案内するのだった。

事務所の奥の机では、会社の創設者である鈴木卯兵衛が何か書き物をしていた。外国人客の来店に気づいた鈴木は、立ち上がると、「ウエルカム、ウエルカム」と言いながら椅子を勧めた。そして通訳の出島松造という社員を呼び寄せた。

出島はアメリカ帰りの青年であった。彼は一八六〇（万延元）年の十二月、米国帆船『ダイノウエルブク号』にもぐりこんだ。まだ誰も外国に出かけることが禁じられている時代のことだったから、米国への密航者第一号となった。時代が明治にかわり、密航者の帰国が許されるようになった一八六八（明治元）年に日本へ帰国した。アメリカで身につけた園芸と酪農の技術を生かして東京青山の農業試験所に勤務するが、そのころ出会った鈴木卯兵衛にユリの球根をアメリカに輸出することを進言した。鈴木はサンフランシスコに出張所を立ち上げることを決意すると、出島を「横浜植木」の社員に採用したのだった。

立ち居振る舞いに垢抜けした出島がやってきた。

「ハウ・ドー・ユー・ドー、ジェントルメン？」。出島は英語を流暢に話した。

「私たちはアジアの竹と植物の調査をしています。日本の竹についてお話を伺いたいのですが」。ラスロップが尋ねた。

ラスロップの質問を出島が通訳する。鈴木は質問に対して丁寧に説明をした。

「日本には我が国古来の竹、支那や朝鮮から伝わってきた竹など、さまざまな種類の竹がありましてね。またその用途も工芸材や建築材として使用されるもの、食用に採取されるもの、観賞用に使われるものなど、いろいろあるんですよ」

そう言いながら、竹のスケッチ集を開いてみせた。

フェアチャイルドは豊富な竹の種類に驚きながら話し始めた。

「私たちは、来年の春にもう一度日本に立ち寄って、多種多様な竹を調査することになっているんです。それまでに、できる限りたくさんの種類の竹を集めておいていただきたいのですが、お願いできますか?」

「わかりました。春までに竹の見本を揃えておきましょう。それに、春にお越しになるのなら桜も見ていって欲しいですね。日本の桜は本当に素晴らしいですよ」

そう言って、鈴木は二人に桜のスケッチを何枚も見せた。

一九〇二(明治三十五)年四月二十六日、インドと中国での調査を終えたフェアチャイルドは、再び日本に到着した。上陸すると、一足先の船で横浜に戻っていたラスロップを追いかけて同じホテルにチェックインした。荷物を自分の部屋に運ぶとラスロップの部屋を訪ねた。二人はブランデーグラスを傾けて日本での再会を祝し、これまでの研究調査を報告し合った。

翌日、二人は鈴木卯兵衛を訪ねて「横浜植木」へと出かけた。

「ハロー、ミスター・ラスロップ、ミスター・フェアチャイルド。お越しをお待ちしていましたよ」

会社の印半纏を羽織り、社員と一緒に種苗の出荷作業をしていた鈴木が人力車を降りる二人の姿を見ると、駆け寄って笑顔で迎えた。そして農園の苗床場に案内すると、仮植している竹のサンプルを見せた。フェアチャイルドにはどれもみな同じ竹にしか見えなかったが、鈴木には若竹を見ただけで種類の識別もできるのだった。

サンプルの発送手続きを済ませたフェアチャイルドは桜の花について質問をした。

「昨年お訪ねした時に、春には桜が見れると仰っていましたが、どこに行けば桜が咲いているのでしょうか?」

「ウーム、桜には少し遅かったですな。もう二週間ほど早ければ美しい花をご覧いただけたんですがね」

鈴木は、桜が二人の来着を待てなかったことを詫びるかのように、低頭して答えた。そして東京の帝国植物園（現小石川植物園）の園長・松村任三園長を紹介し、是非とも園長に会うように勧めるのだった。

数日後、ラスロップとフェアチャイルドは東京へ出かけた。日本国内の旅行許可証を申請するために外務省を訪れる必要があったからだ。

外務省の役人はのんびりとした作業で手続きにかなりの時間がかかった。そのうえ、許可証が下りるまで予想以上の日数がかかるという。ラスロップは腹を立てたが、フェアチャイルドにはむしろ幸運に思えた。東京見学と、帝国植物園訪問の時間が取れるからだった。

フェアチャイルドは、鈴木卯兵衛に教えられた帝国植物園に出かけると、園長の松村任三博士を訪問した。松村は桜について丁寧な説明をしてくれた。それだけでなく、「もし貴殿にお時間があるようでしたら、名桜の蒐集家である高木孫右衛門さんを紹介します。是非とも彼を訪問して、もっと詳しい話をうかがったら勉強になりますよ」と言い、紹介状まで書いてくれた。

日を改めて、フェアチャイルドは松村からの紹介状を持って高木孫右衛門の住いを訪ねた。高木は玄関先に立つ見知らぬ異邦人を見て怪訝そうな顔をしたが、松村からの紹介状を読むと笑顔でフェアチャイルドの来訪を歓迎した。初老の高木は小柄ながらどことなく魅力的な人物であった。

高木は足立郡江北村の植木職人であり、十一代目孫右衛門を世襲する前の名前は与吉といった。先代高木孫右衛門のときに明治を迎えていた。先代は、維新とともに没落した弱小大名や旗本の邸内に成育する桜の銘木を守ろうと、蒐集を始めた。先代の名跡を引き継いだ与吉も、また同様に名桜を集めながら、桜木と花のスケッチを続けていたのである。

高木は、フェアチャイルドを庭の見える部屋に案内した。畳の間にぎこちなく座るフェアチャイルドの前に、高木自身が描いた桜の水彩画スケッチが広げられた。山のように積まれた水彩画は、ソメイヨシノ（染井吉野）、シダレザクラ、八重桜、カンザクラ、ヒガンザクラ、関山、ヤマザクラ、ショウゲツ、ギョイコウ（御衣黄）、オオシマザクラ。ゆうに百枚以上もあるスケッチの山だった。フェアチャイルドは、軽やかな筆致で描かれている美しい桜の花を見ながら、胸をときめかせた。

高木は桜のスケッチを一枚ごと手に取り、丁寧に説明をした。日本語がわからぬフェアチャイルドには説明の意味は理解できなかったが、清楚に描かれている数多くの桜花を見て、美しい植物だと思った。そして、桜にはこんなにもたくさんの種類があるものなのかと我が目を疑うのだった。

フェアチャイルド自身も桜のことを知らないわけではなかった。アメリカにもヨーロッパから移植された桜があるからだ。とはいえ、欧米の人間が桜を語るのは花のことではなく、実のなるサクランボのことである。市民の話題にのぼることはなかったものの、ワシントンDCにも花を咲かせる桜が数ヵ所にあった。それらは、ウイーピング（シダレザクラ）、プルナス・スードーセロースス、それに単弁花のプルナス・サブハーテラと呼ばれている花だった。市内の十四番街通りにも桜の大木が根を張っていた。プルナス・チャイネンシスという種類で、どうやら中国からやって来たものらしい。ボストンにあるアーノルド樹木園には、サージェント教授が標本として日本から持ち帰ったと言われる実験用桜木もあった。だが未だにフェアチャイルドは開花した桜を見たことがなかった。

水彩画の桜花をくりかえし眺めて時の経つのも忘れた。桜の美しさに魅了されたフェアチャイルドは桜の買い付けを決意すると、高木のアドバイスを得て三十枚の絵を選び出した。購入すべき桜の種類が決まったのだ。


一九〇三年の春が訪れた。フェアチャイルドがインド、中国、日本への調査研究旅行から戻って、半年が過ぎていた。ワシントンの農務省にある彼の研究室に一通の郵便が届いた。日本の植物と種苗の到着を知らせる、シアトル港税関事務所からの通知書だった。

待ちに待った知らせであった。だが、「桜の苗木はどこに運んだらいいのか」と考え込んだ。前年、農務省の植物導入部内で、「フェアチャイルド博士、残念ですがワシントンDCには日本から購入された桜の苗木を植樹する場所はもうありません。ただひとつ可能なのは、最近、農務省が開設したカリフォルニア州チコの植物園だけです。その点をご了承願います」と言われていたからである。他に候補地はなく、苗木はチコの植物園に輸送してもらうほかなかった。

チコは、世界的にも肥沃な農業地帯であるサクラメント・バレーの北東に位置し、シェラネバダ山脈の西麓に広がるビュート郡の中にある。一帯は農業に適した大地とはいえ、真夏は暑く、気温は摂氏四十度近くにもなる。フェアチャイルドは、桜には過酷な場所ではないかと懸念した。

その心配が現実のものとなった。チコの夏の酷暑が、無慈悲にも桜木のほとんどを枯死させてしまったのだ。日本の桜をアメリカにも繁殖させようというフェアチャイルドの夢は失敗に終わった。

それでも、枯死前に多くの桜の新芽を採取していたことは幸いだった。実験種としての桜木を保存することができたからだ。後に、彼は次のように書き残している。「私たち以前にも、アメリカに持ち込まれた日本の観賞用桜のコレクションはあったかもしれない。だが、高木氏と私が選び出して、一九〇三年にワシントン州に到着した桜木こそが、固有の日本名を持つ桜として最初のものであったと思っている」と。

ヘレン・タフトと桜

一九〇〇（明治三十三）年五月十日の昼下がり、白い船体の美しい米軍輸送船「ハンコック号」が横浜港埠頭に着岸した。船はフィリピンに向かう途中の寄港である。アメリカ公使館員と楽団の出迎えを受けて十数名の紳士淑女が下船した。一行は政府派遣委員の高官六名とその家族であった。

派遣団の先頭に立つのは、初代フィリピン民政長官としてフィリピンに赴任するウイリアム・ハワード・タフトという大柄で恰幅のよい紳士だった。タフトの後に、夫人のヘレンと息子のボブにチャーリー、娘のヘレン、そして夫人の末妹マリアが並んでいた。

派遣団の一週間の滞在中、一行は日本政府のもてなしを受けて、明治天皇と照憲《しょうけん》皇太后に拝謁することになった。タフトは宮廷の祝賀会で天皇にアメリカの状況をご進講し、夫人たちは皇太后に敬愛の辞を述べた。その返礼に、皇太后は夫人たちに高級タペストリーを贈った。

一週間後の十七日、「ハンコック号」は予定通り横浜港を出帆した。埠頭で出港を見送る人垣の中に、手を振るヘレン・タフトと数名の夫人の姿があった。夫たちに同行せず日本に残ったのである。

ヘレン・タフト

出所）アメリカ議会図書館

当時のフィリピン国内では不穏な情勢が渦巻いていた。しかもアメリカ公使館では、フィリピンから「使節団の到着に合わせて、現地人による反乱決起の動きあり」との電報を受け取っていた。委員たちは家族の安全を考慮して、長官たちだけが一足先にフィリピンへ赴くことにした。

一八九八年、アメリカとスペインの間で米西戦争が勃発した。アメリカ軍は二月のハバナ攻撃でキューバを制圧し、さらに五月一日にはフィリピンのスペイン軍を駆逐する。戦勝の結果、アメリカはスペインに代わってフィリピンを統治管理することとなった。そして一九〇〇年、ウイリアム・マッキンレー大統領はウイリアム・ハワード・タフトを初代フィリピン民政長官に任命した。一八九一年から第六連邦巡回区控訴裁判所判事を務めるタフトの法律を誠実に解釈する点を評価して、白羽の矢を立てたのだった。

夫たちがマニラに向けて出帆すると、ヘレンとマリアと子どもたちにとっては予定外の日本滞在生活が始まった。

ヘレンは、横浜港に近く東京湾が一望できる高台の一軒家を借りた。反対側に広がる水田越しに寺が見えた。朝夕、仏殿で唱えられる僧侶の読経に合わせて、ポク、ポク、ポクと鳴り響く木魚の音がメトロノームのような正確なリズムで流れてくる。毎日何度か、時を告げる寺の鐘が響き渡る。静寂な夜に打たれる鐘のゴーンという重く落ち着いた響きは、本国の教会の鐘の音とは違い、心に染み入るような厳かさが感じられた。

未知の世界を見ることに臆せず、好奇心豊かなヘレンは、日本文化に興味を持ち始めた。とりわけ、日本の繊細な風景に心を奪われた。なだらかな地形に青々とした林がこんもりと繁り、丘陵を挟んで広がる水田で太陽の光がキラキラと反射している。そんな風景の中に点在する農家が箱庭のように見えた。それはアメリカでは見られない異国情緒豊かな眺めだった。ヘレンは、気持ちが癒されるような風景にうっとりとした。

ある日、アメリカ公使館が夫人たちのために親睦会を開くことになった。集まった在留米国人を前に、ヘレンは皇居で照憲皇太后に拝謁した時のことを話した。その後の懇親会パーティーで一人の女性が近づき、挨拶をした。

「初めてお目にかかります。私はエリザ・シドモアと申します。私も何年か前に、天皇と皇太后様にお目にかかりましたが、今日のミセス・タフトのお話を大変面白く拝聴させていただきましたわ」

「あなたがシドモアさんなのですね。『ナショナル・ジオグラフィック』に記事を書いたり、写真を掲載しているとうかがっております。それに、『日本での人力車紀行』もご出版されているそうですね」

「ミセス・タフト、私もあなたがシンシナティー・シンフォニー・オーケストラ設立と運営の立役者であることを存じています。あなたが抜けた後のオーケストラは大丈夫なんでしょうか？」

音楽の大好きなヘレンは、アメリカを出発する直前までシンシナティー・シンフォニー・オーケストラの発展と運営に尽力していたのだった。

「ありがとう。オーケストラの方は運営委員がしっかりしていますから、大丈夫だと思いますわ。ところで、あなたは日本の何に一番惹《ひ》かれますか？　私たちはフィリピンで夫と合流するまで、しばらく日本に滞在するんですのよ。日本のことをよくご存じのあなたに教えを請いたいわ」

ヘレンの問いに、エリザはすかさず答えた。

「ミセス・タフト、日本の庭園や盆栽もすばらしいものですが、一番は日本の桜です。毎年、三月末から四月の上旬にかけて満開となる桜の花は、夢の世界を見るように素晴らしいものです。フィリピンと日本は船で一週間足らずの距離です。あなたがフィリピンに滞在中かご帰国の時に、春の日本を訪れて、是非とも桜をご覧になって頂きたいですわ」

「そうですか、そんな素晴らしい花が咲くのであれば、是非とも見てみたいものですね」

ヘレン・ハロン・タフトは、一八六一年に裁判官ジョン・W・ハロンの四番目の子どもとしてシンシナティーで生まれた。ヘレンの祖父も伯父も、ともに共和党下院議員を務める政治家で、タフト家同様にシンシナティーの名家であった。ヘレンはシンシナティー音楽大学を卒業すると地元の学校で音楽を教えた。彼女が大学生の時に、シンシナティーのボブスレー・パーティーでタフトと出会い、それが縁で一八八六年六月に結婚した。夫のウイリアムを法曹界から政界に転出させたいという願望をもつ気丈な女性でもあった。

ヘレンたちは新緑輝く初夏の日本で、日光、鎌倉、京都を観光した。蒸し暑い七月には、箱根の宮ノ下・富士屋ホテルに逗留して富士の眺めと芦ノ湖を満喫した。そして箱根から横浜に戻ると、アメリカ領事館気付で夫からの手紙がヘレン宛てに届いていた。書簡は、「現在のマニラ市内はフィリピン人の反感こそ残れど、治安は安定してきています。私が直面しているのはゲリラ問題というよりは、むしろアメリカ軍の横暴と専制です。この問題に対処するためにも、君の知恵と協力が必要です。一日も早くマニラにきてください」と伝えていた。

八月十日、ヘレンたち一行は日本船「春日丸」に乗船した。船は上海、香港に寄港して、十日ほどでマニラ湾に到着した。熱帯の強い日差しが海面を照り返す湾内には、アメリカ・スペイン戦争で大破して浅瀬に傾くスペイン艦船の無残な姿や、マストだけを海面上に突き出した沈没船の残骸がそこかしこに見られた。「春日丸」は戦争の傷跡が残るマニラ湾を静かに埠頭へと進み、ようやく接岸した。船外に出るや、蒸し風呂に入ったようなムッとした南国特有の空気に包まれた。頭上には灼熱の太陽がギラギラと照りつけ、ココナッツ・オイルの臭いを含む熱風が肌をかすめた。

マニラに上陸したヘレンと家族が旅装を解いたのは、白壁に赤瓦の屋根を頂き、ステンドグラスと見紛うばかりの派手な窓の付いたスペイン風の大きな屋敷であった。

熱帯の太陽も西に傾き、熱帯樹が影を落とすパティオで、タフト夫妻は中国人の従僕が淹れた紅茶を飲みながら、フィリピンの情勢と夫の抱える諸問題について語り合っていた。

「マッキンレー大統領はアメリカの経済界に気遣って、どうもフィリピンを統治したいようなんだ。『それでは話が違う』と反対するフィリピン人が地方の民族主義者たちと手を組んで、アメリカ軍に向かってゲリラ闘争を仕掛けるんだよ」

「それは無理のないことだわ。そもそもアメリカはスペインの植民地政策からフィリピンを助けるために来たんでしょう?」

「そうさ。我々、民政委員会の任務は、フィリピン人が自ら自治できるようになるまで、彼らを支援することなんだがね。ところが、初代フィリピン駐留アメリカ軍司令官のアーサー・マッカーサー(第二次大戦後、日本に駐留したダグラス・マッカーサー連合国軍最高司令官の実父)が我々の存在を疎んじるんだよ」

マッカーサーは、フィリピンをアメリカ軍の統制のもとに管理し、自らの権限ですべてを取り仕切りたいと考えていたようだ。だから、彼の政策に反対したり、独立闘争を企てる者を徹底的に警戒した。時には彼らの運動を武力で取り押さえることもあった。

「マッカーサーという男は、洗練さに欠けるだけでなく、教養もなく、まともな文章さえ書けないくせに、自分は『シーザー』になったつもりでいるんだから、困ったものさ」

「それで彼は、法と平等主義でフィリピンを自立させようとするあなたたちの存在が煙たくて、民政委員会をも自らの支配下に置きたいのね」。夫の苦労を思うと、ヘレンの顔まで曇った。

アメリカ本国の「独立記念日」より十二時間早い一九〇一年七月四日のマニラで、ウイリアム・タフトは正式に「初代フィリピン総督」に就任した。そして、二十エーカー(八万九百四十平方メートル)もの広大な敷地を有するマラカニアン宮殿に居を移した。転居が終わると、ウイルはヘレンに打ち明けた。

「私たちの任務を遂行するうえで、しかるべき地位にある富裕なフィリピン人と懇意になりたいんだ。ところが、軍人たちはフィリピン人との接触を拒否するだけでなく、彼らに人種差別的な態度をとるんだよ」

いったん言葉を切ると、一息ついてから言葉を繋いだ。「私は、軍とは全く異なる政策を採りたいんだ。私の考える政治的、社会的政策をもって、フィリピン人のアメリカに対する信頼と協力を取り戻したいんだ。そのためには、どうしても君の協力が必要なんだよ」

ヘレンは夫の政策を成功させるために何をしたらよいのかと思いをめぐらせた。フィリピン市民と親しくなり、アメリカ人を理解してもらう方法が必要なのだ。ヘレンは、何かよい方法がないかと考えた。

ある思いつきが浮かんだ。アメリカ人がよく行うように、マラカニアン宮殿をオープンハウスにしてガーデン・パーティーを開くことである。ヘレンは躊躇することなく現地の新聞にガーデン・パーティー開催の案内広告を載せた。だが、フィリピン人たちは猜疑心を抱いたのだろう。マラカニアン宮殿のパーティーに参加しようとする者はいなかった。ヘレンは、彼らのよそよそしい態度にもめげず、胸襟を開き、真摯な態度で市民に接しようと努力した。

タフト一家の誠実さが理解されたようだ。ようやく市民もタフト家の好意を受け入れ始め、パーティーへ参加する者が増えていった。ヘレンは、パーティーに集まるマニラ市民をよく観察すると、彼らの多くが白人崇拝主義の呪縛を受けていることに気づいた。一方のアメリカ軍人と妻たちは、フィリピン人に対してあからさまな差別主義を採っているのが見られた。そればかりか、アメリカ人の誰もが現地人と一緒のパーティーにショックを受けていることも見て取れた。

上流階級のフィリピン人たちの多くはヨーロッパで高等教育を受けていて、知性と社交面でもアメリカに劣るものではない。タフト夫妻は次のように考えた。フィリピン人に、自分たちが決して劣ってないことを理解させ、白人文化に対する劣等意識を取り除き、人間としての平等意識に目覚めさせなければいけないと。

ルネタ公園に続く海岸通りはヘレンがお気に入りの場所であった。マニラ湾に沿って何キロメートルも続く海岸は椰子の並木道で、ここから眺めるマニラ湾の夕日が素晴らしかった。陽が西に傾き、涼しい夕方になると多数の市民が集まってくる。椰子の木の下で、いく組ものグループが楽器を演奏して楽しむ。週末や祭日のルネタ公園では、大道芸人たちに混じって民族音楽演奏やダンスまでが繰り広げられる。ヘレンも、息抜きにしばしば椰子林の続く海岸通りにやってくるのだった。

フィリピン人にアメリカへの信頼を取り戻させ、民政委員会の米比協力政策を成功させるための方法はないものかしら。ヘレンは、潮風に吹かれ、海上を眺めながら、そんなことを考えていた。突然、名案が浮かんだ。フィリピン人の参加が増えてきたガーデン・パーティーに楽団を用意し、フィリピン人バンドと米軍楽団とで音楽交流を図り、民族ダンスを楽しませたらどうか！

音楽好きのヘレンは早速実行に取り掛かった。マラカニアン宮殿のパーティーにはいつも複数組のバンドを用意した。音楽が流れてしばらくすると、アメリカ人もフィリピン人もリズムに合わせてステップを踏み始めた。陽が沈み、辺りが暗くなると、庭に茂る椰子の木や熱帯樹に吊るされた豆電球が点滅し、日本の紙提灯が風にゆらゆらと揺れる。邸内は和やかな雰囲気がみなぎった。

アメリカ人にフィリピン人の音楽能力とリズム感の良さを再認識させることができたようだ。フィリピン人も自国の文化に自信を持ち始めたはずだ。シャンペンを片手に笑みを湛えながら、出席者の間を歩き回るヘレンの姿は輝いていた。

タフト夫妻によるガーデン・パーティーは効果的だった。パーティーを重ねるにつれて、アメリカ人とフィリピン人が互いに打ち解けてきたではないか。多種民族からなるフィリピン人同士さえも融和し始めたのだ。

マニラ市内におけるタフト総督夫妻の評判は高まっていった。上流階級の人間という限度はあったものの、フィリピン人の出身地や宗教にとらわれることなく、ヘレンは誰とでも平等に接した。雄弁さには欠けていたが差別意識にとらわれぬ誠実なタフトは、優る知性と行政能力をもってマッカーサーの独裁力を制していった。総督府に対するフィリピン人の理解と支援も始まった。

フィリピン人との間に交流と親睦が固まりつつある九月七日の昼食時のことだった。テーブルについたタフトは蒼白な顔をしていた。

「ウイル、どうしたの？　気分でも悪いの？」

「ワシントンから急電が届いたんだ。それによると、昨日、大統領がバッファローで撃たれたそうだ。命は取り止めたようだが……」

一九〇一年九月六日、マッキンレー大統領がバッファローで開催中のパン・アメリカン博覧会に出席した時、レオン・チョルゴッシュという無政府主義者によって銃撃された。一命は取りとめ、回復しつつあったのだが、突如として容態が急変した。そして八日後の九月十四日に急逝した。マッキンレーの跡を継いで副大統領のセオドア・ルーズベルトが第二十六代大統領に就任した。

一九〇三年、タフトは民政委員会委員に五人のフィリピン人を任命し、彼らによる自治統治の基礎作りを固めた。総督としての役割を遂行すると、かねてより嘱望されていた米国陸軍長官の受諾を決意した。クリスマス直前の十二月二十三日にフィリピン総督を退官したタフトは、年が明けた二月にワシントンへ帰任した。そして第四十二代陸軍長官に就任することとなった。

一九〇七（明治四十）年、フィリピンで初めての国民選挙が開かれ、九十名のフィリピン人が下院議員に選出された。フィリピンで最初の国民議会が開催されると、かねての約束どおり、タフト夫妻はフィリピンを訪問することにした。その途中の九月三十日、二人は再び日本に立ち寄った。

今回は、公式訪問として明治天皇への拝謁が行われた。二人にとって懐かしさと親しみが伴う、二度目の皇室訪問だった。天皇からは先の日露講和会議の仲介に対するお言葉が下賜された。

アメリカ公使館や日本政府による公式行事が一通り済んで、落ち着きを取り戻したヘレンは、「是非とも日本の桜を観賞して欲しい」というエリザ・シドモアとの約束を思い出した。

早速、人力車を借り切ると、公使館スタッフの案内で向島の荒川堤に繰り出した。

川幅が広く、ゆったりと流れる隅田川に沿って、南北に延びる桜の並木道が見えた。絵葉書や写真で見る桜の花を期待していたヘレンは、一瞬、怪訝な顔をした。葉が茂った桜木だけで、ピンクに咲く可憐な花はどこにも見当たらなかったからだ。同行のスタッフが気の毒そうな表情で言葉をかけた。

「ミセス・タフト、桜の花の咲く時期は四月上旬なんです。今は十月ですから、桜の咲く時期までまだ半年あります。でも、桜の並木道と隅田川は東京でも指折り美しい場所なんですよ」

ヘレンも美しい河岸だと思った。同時に、フィリピンのマニラ湾の思い出が蘇った。海と河、椰子と桜。両者の規模と光景は異なるが、どちらも水際に映える並木道である。なんと気持ちの和らぐ光景なのだろうか。目を閉じると、瞼にマニラ湾の思い出が浮かび上がってくる。夕方になると一日の疲れを癒そうと、多様な種族のフィリピン人が繰り出すマニラの海岸の記憶であった。そして今、隅田川堤の河岸に立つヘレンは、桜が満開の堤をそぞろ歩きする人や、お酒を飲んで唄を歌ったり、三味線を奏でるという日本人の陽気な姿をイメージして、ぼんやりと桜並木の続く河岸を眺めていた。

チャールズ・マーラットと桜

一九〇一（明治三十四）年四月二日の横浜港は陽光うららかで波も静かだった。春の日差しがいっぱいの埠頭に一組のアメリカ人夫妻が降り立った。長身の紳士の名前はチャールズ・レスター・マーラット。米国農務省からの派遣研究者であった。彼はある害虫の発生地を探しに、日本、中国、ジャワ、セイロン諸国をめぐることになっていた。日本が最初の訪問国であった。

マーラットの研究目的は、一八八〇年代からアメリカ各地で発生して落葉果樹に被害をもたらしていた「カイガラムシ」の原産地を探すことだった。「カイガラムシ」の生態と分布が解明できれば、その天敵を見つけ出すことも可能であろう。そう考えるマーラットは、長期休暇をとると夫人を伴って調査旅行に出たのだった。

チャールズ・L・マーラットは、一八六三年九月にカンザス州アチソン市で生まれた。カンザス州立農科大学（現在のカンザス州立大学）に学び、一八八六年に同大学で昆虫学の修士号を取得する。一八八九年、米国農務省昆虫局に職を得てワシントンDCに移った。

マーラット夫妻が日本に到着したのは、横浜周辺の桜が咲き始めた時であった。ホテルに向かう道路沿いで、ホテルの前庭に、ホテルの部屋から臨む遠方の丘にと、いたるところで桜の清楚な花が咲いていた。夫妻は、桜に「東洋的な美しい花」という印象を抱いた。だが、植物よりも昆虫とカイガラムシについての思いが強い二人は、桜に心を奪われるほどではなかった。

横浜での数日間、二人は人力車に乗って街の隅々を廻り歩いた。船の甲板をそぞろ歩きするのとはちがい、大地を自分の足で歩くことは気持ちのよいものだった。横浜の街には活気があり、外国人の姿も多数見かける楽しい街だ。ワシントンDCで見かける乞食や浮浪者の姿が少ないのは好印象であった。路上に撒き落とされた馬の糞を心配しながら歩かなくてもよいのも嬉しいことだった。

チャールズ・マーラット
出所）アメリカ農務省資料館

長旅の疲労が恢復したマーラットは、日本での調査研究の計画準備に取りかかった。それは、日本各地を巡り、行く先々で農林果樹関係者を訪問することである。各地で果樹園並びに樹木の調査を行い、同時にカイガラムシの生態と分布を探り出そうと考えた。計画を効率よく進めるためには、日本の農林大臣に紹介状を書いてもらうのが最善な方法であり、農林大臣との面会予約を取り付けるにはアメリカ公使館からの斡旋が欠かせないはずだ。そう考えるマーラットは九日にアメリカ公使館を訪ねた。

公使館に赴いたマーラットは、神奈川総領事代理室に通された。

「わざわざ極東の日本までご苦労様です。私は、総領事代理のジョージ・シドモアといいます」

行政官でありながらも学者的な雰囲気を持つシドモア代理が、マーラット夫妻を気さくな応対で迎えた。

マーラットの調査目的を最後まで静かに聞いていたシドモアが答える。

「貴殿の目的とご要望はよくわかりました。紹介状を用意しますのでお任せください」

「ありがとうございます。総領事代理のご協力を得られれば、この度の調査研究は無事に進むと思います」

「話は変わりますが、マーラットさんはワシントンＤＣにお住まいなんですね？」

「はい、故郷はカンザス州の田舎町ですが、米国農務省に職を得ていらいずっとワシントンＤＣです」

「実は、私の妹もワシントンＤＣに在住なんですよ。エリザといいますが、彼女は『ナショナル・ジオグラフィック・ソサエティー（国立地理学協会）』に勤めています。時々、記事を書いたり、写真撮影を手がけたりしています。取材旅行として世界中を駆け回り、本も書いたりしているんですよ。

そして日本にも二、三回ほどやってきています。そんな訳で家庭に落ち着くことなく、いまだに独身なんですよ」

目の前に座るシドモア総領事代理の妹が、同じワシントンＤＣで活躍する女性であるとは。世の中は狭いものだ、と思わずにいられなかった。

「私も『ナショナル・ジオグラフィック・ソサエティー』はよく存じています。お目にかかったことはありませんが、妹さんのお名前については聞き知っています。帰国したら、一度ご挨拶に行ってみます」

そして、今が満開の桜へと話はおよぶ。「マーラットさん、外務省に出向いたら、ついでに上野公園の桜を見てくるべきですね。桜の咲き乱れる眺めはこの世とは思えないほどに素晴らしいものです。上野公園は外務省から人力車で一時間とかからない距離にありますから、是非見に行って来てください」と、シドモアが勧めた。

シドモア総領事代理による紹介状を手にしたマーラット夫妻は、東京にある外務省を訪ねた。外務大臣加藤高明に面会すると、来日の用件を説明して、「カイガラムシ」の生態と分布調査への協力を依頼した。加藤はマーラットの要望を快諾した。調査研究への協力を保証された夫妻は、大臣に礼を述べると、軽い足取りで外務省をあとにした。

二人は外務省の玄関を抜けて表に出ると、外務省前に待たせてある人力車に乗り込み、行き先を上野公園へと告げた。人力車は軽快にスピードを上げると、人の往来で賑やかな神田万世橋界隈を通り抜けて上野へと走った。

上野公園の入り口は花見客と人力車でごった返していた。マーラット夫妻を運ぶ人力車の車夫は、上野のお山に登るための「後押し車夫」を雇った。前後二人の車夫によって「エイサ、ホイサ」と声を掛け合いながら、人力車は長いなだらかな坂道を登っていった。坂道では、車夫二人による人力車がときおり見られた。ようやく山の上についた。目の前の景色に夫妻は思わず固唾《かたず》を飲んだ。そこには、数え切れないほどの桜によって作りだされた桜一色の空間が広がっていたのだ。

「これが桜の世界なのね！」

「ピンクの霞にピンクの吹雪とは驚いたな！」

満開の桜が散り始めていた。その空間のなかでヒラヒラと舞い散る桜が、まるで綿雪のように見えた。マーラットは、「アメリカにはこのような幻想的な花があっただろうか？」と思わずため息をついて呟いた。

桜に似た花といえば、ピンクのドッグウッド（ハナミズキ）がある。ドッグウッドの花も可憐だが、桜の持つ柔和でまろやかな雰囲気にはおよばない。マーラット夫妻は信じられない、という気持ちでその場の光景を見つめた。まるで桜の美しさに引き込まれていくような錯覚を覚えていた。

夕方、横浜に戻るとホテルの従業員に上野の桜を見物して来たことを話した。

「上野公園に行ってきたんですか、桜がきれいでしたでしょう。上野の桜をご覧になったなら、向島の桜も見るべきですよ。上野に勝るとも劣らないほどに素晴らしい桜を見ることができますよ。なにしろ、江北村（現在の足立区）の高木園芸の庭にあった名木が多数移植されたというんですから。それらの桜は、花の色が変化に富んでいることでも有名で、東京の人は『荒川の五色桜』と呼んでいるんですよ。上野の桜がまだ開いているのなら向島の桜もまだ大丈夫です。だまされたと思って、明日、もう一度見に行ってみてください。日本のよい思い出になること請け合いです」。彼は繰り返して向島の桜を褒め称え、是非とも見ておくことを勧めた。

翌日、マーラット夫妻は再び東京に出かけ、向島まで足を延ばした。隅田川を望むと、堤に沿って何キロメートルにも続く満開の桜が見渡せた。その桜並木の下ではおびただしい数の人がそぞろ歩いている。川岸は花見客たちが陣取る陽気な団体で賑わっていた。土手の上には何軒もの茶店が立ち並び、店の前に並ぶ緋毛氈を敷いた座敷台では、団子を食べる者、お茶を飲む者、お酒を嗜む者など、老若男女で混みあっていた。マーラット夫妻には、その日がまるで「桜の祭典」であるかのように思えた。

マーラット夫妻には、前日に見た上野公園の桜見客とは趣がことなることに気づいた。上野では経済的に裕福な人たちや昔の武士階級に属していた人たちが多かった。ところが、向島に来ているのは商人や職人風の人たちである。より庶民的であけっぴろげな人たちが多いのだ。両地は景観だけではなく、桜見客たちの階層も異なっていることに気がついた。その違いによって、桜の放つ雰囲気までもが大きく異なっているではないか。マーラットは、桜の花の神秘さだけでなく、日本人社会の文化構造にも面白さを感じていた。

二人は向島で大勢の花見客に交じって桜堤を歩いた。市民たちの陽気な振る舞いと花見の雰囲気を楽しみながらも、マーラットは桜の枝や葉の健康状態を確かめるのを忘れなかった。向島の桜にはカリフォルニアのサンノゼで発生したと同種のカイガラムシは見かけなかったが、クワシロカイガラムシによるかすかな被害を見つけた。

この後、マーラット夫妻は九州から北海道まで日本を隈なく調査し、各地にある研究所を訪ねた。再び東京に戻ったのは八月末であった。マーラットは調査結果をまとめ、関係者に挨拶をすますと、まだ残暑が続く横浜でしばし休日を楽しんだ。夫妻は五ヵ月前に見た東京の桜が忘れられなかった。それほどに桜の印象が強かったのだ。マーラットは、桜を持って帰りたいという夫人の希望に応えて、日本を出発する前に横浜で桜を注文することにした。すべてを済ませた夫妻は、青空にいわし雲が浮かぶ九月十八日、次なる訪問地中国に向けて離日した。

高峰譲吉と桜

十九世紀後半になると、日本からアメリカに渡る留学生や移民者が増加していた。アメリカで生活の立ち上げに奮闘する日本人は、故国を思い出すとともに、心のよりどころである桜を懐かしんだ。なかには、アメリカに桜を植えたいと夢見る人もいた。ニューヨーク在住の応用化学者・高峰譲吉もその一人だった。高峰は、アメリカ人にも日本人の精神を象徴する桜をニューヨーク市内に植樹したらどうかと考えることがあった。

高峰譲吉
出所）今井正剛『発明発見の父　高峰譲吉』（偉人伝文庫シリーズ）ポプラ社　1951年

高峰は、一八五四（嘉永七）年、越中・富山の医師の家系に生まれた。だが、高峰は医療よりも化学に強い関心を持ち、長じると人造肥料製造について学んだ。農商務省の工務局勧工課に勤務すると、日本の農業発展のために人造肥料の大量生産と普及こそが大事だという思いを強くする。一八八七（明治二十）年には、三井物産社長・益田孝と第一国立銀行頭取・渋沢栄一による賛同と支援を受けて、「東京人造肥料会社」を創立している。

高峰は過燐酸石灰を使用した人造肥料の製造と販売を手がける傍ら、日本酒の醸造に使用する麹を改良してウイスキー造りに応用する元麹改良法の特許を取得した。これがきっかけで、元麹の活用法に注目した米国ウイスキー・トラストのグリーンハットから招聘を受けることになった。一八九〇（明治二十三）年十一月、三十六歳の誕生日を前にした高峰はアメリカへ渡ることを決意する。三年前に結婚した妻のキャロラインと二人の幼子、灘の酒造家出身の藤木幸助を助手に伴ってシカゴへと出発した。

シカゴでフェニックス醸造会社と提携した高峰と藤木は、日本麹からアルコールを精製すると、麹使用によるウイスキー造りのための特許を出願した。アメリカでも特許権を得た高峰は、「タカミネ・ファーメント・カンパニー」を立ち上げ、アメリカにおける商標登録をすませた。それから二年後の一八九二（明治二十五）年、高峰一家は藤木を連れて、ウイスキー製造会社の集まるイリノイ州ピオリアに移り、新製法によるウイスキー造りに専念する。

一八九四（明治二十七）年、高峰は麹によるウイスキー醸造の過程でタカジアスターゼを発見した。特許を出願して三年後の一八九七（明治三十）年、デトロイトの製薬会社パーク・デイビス社とタカジアスターゼの製造販売について契約を結ぶこととなった。これを機に、高峰はニューヨークのマンハッタンに移ると、自らの実験室を構えることになるのだった。

三年後の一九〇〇（明治三十三）年、パーク・デイビス社の依頼をうけて、高峰と助手の上中啓三は、副腎から分泌されるホルモンの抽出研究を始めた。二人の昼夜を分かたぬ研究と実験の末、副腎から内分泌される生理活性物質「アドレナリン」の結晶化に成功する。再び特許を出願すると、高峰は世界で最初のホルモン剤「アドレナリン」の発見者となった。

高峰は、タカジアスターゼとアドレナリンという分泌物発見と特許権を礎に、日米両国でビジネスを展開し始めた。その結果、莫大な報酬を得るようになった高峰は、マンハッタンの西北にあるメリーウォルド・パークの山林を購入して、そこに住まいを移した。二千エーカー（八百九万四千平方メートル）もの土地には、小川があり、池があり、昼間でも暗い森林を有する広大な敷地であった。

日本ではちょうど日露戦争が始まるころのことだった。

一九〇四（明治三十七）年二月から始まった日露戦争では、日本軍は苦戦の末、セオドア・ルーズベルト大統領の仲裁を得て講和に持ち込むことができた。その結果、翌年の九月に「ポーツマス講和条約」が調印された。

アメリカ国内では、日露戦争が勃発すると世論が二分した。日本を支援する親日派と日本に反対する嫌日派の相違意見が顕著になっていった。そんな状況下のアメリカであったが、ルーズベルトによる仲裁の労を求めて、日本政府は貴族院議員の金子堅太郎を派遣した。金子は、かつてハーバード大学留学中に親交のあったルーズベルトに協力を懇請すると同時に、米国各界の実力者たちからも日本への支持を取り付けるという任務を帯びての渡米であった。

一九〇五（明治三十八）年、高峰は、アメリカに到着した金子の案内役としてアメリカの実力者たちの間を駆け回った。各地で日本の現状を訴える金子の「国民外交」に協力する高峰は、このときの経験から、自らも日米交流と日本文化紹介への努力に傾注するようになっていった。

日露戦争が行われている間、アメリカのミズリー州セントルイスで開催されていた万国博覧会が閉会した。ポーツマスでの講和会議締結以前の四月末日であった。高峰は、博覧会で日本館の一部として使用された「鳳凰殿《ほうおうでん》」を無償で払い下げてもらうと、それをメリーウォルドの敷地内に移築した。日本文化の紹介と日米親善に役立てようと考えてのことだった。日米親善交流の足場を築いた高峰は、これ以後、日米交流の推進活動に積極的な取り組みを始めた。ちなみに「鳳凰殿」は、後日メリーウォルドを訪ねた大鳥圭介の筆によって「松楓殿」と改名された。

アメリカ社会では、日露戦争の前後から「日本人排斥論」が横行していた。政府は、対日外交政策として「移民制限」や「極東政策」を執り始めており、日米間に不協和音が高まっていった。日米親善に努力する高峰は、アメリカ国内に広がり始めていた嫌日感情に心を痛めるのだった。日本と日本人を一層よく理解してもらうための方法を模索しなければならなかった。

一九〇五（明治三十八）年、五十一歳になる高峰は、民間非営利団体としての「日本倶楽部」をニューヨークに創設した。「日本倶楽部」では、日米の著名な財界人と知識人を中心にして、さまざまな文化活動を実施した。日本文化を紹介するバザーの開催や、日本の理解を深めてもらうためのパネルディスカッション、両国経済界人の交流パーティーなどが積極的に開かれた。それらの活動を通して、日本人同士の連帯を深めていくとともに、アメリカ人との交流を広めようとするものだった。

だが、高峰は「日本倶楽部」の活動だけでは満足できなかった。いつも、「もっと広く市民にアピールする方法はないものだろうか?」と思いをめぐらしていた。ある時、新渡戸稲造が出版した『武士道』を思い出した。御典医の家系に生まれ、名字帯刀を許されていた高峰は、『武士道』をきっかけとして、武家階級が慈しんだ桜のことを思い浮かべた。

「そうだ！　日本の桜をニューヨーク市内に植えて、一般市民に春の優美さを楽しんでもらったらよいのではないか」。高峰が桜の植樹を真剣に考え始める瞬間であった。

3 紡がれた人の繋がり

一九〇〇年前後に日本を訪れた外国人で、桜を見て美しいと感動した人は少なくなかっただろう。そんな外国人のなかでも特に桜に魅せられた何人かのアメリカ人がいた。前章で紹介した人たちである。彼らは異なる目的で、異なる時期に来日しているが、一様に、アメリカで桜を咲かせたいという思いを強くした。

面白いことに、同じ夢を持つ人たちが互いに繋がりを持つようになっていく。そして、共通の夢を礎に協力の輪を形成すると、各人の持つ能力と行動までが一つに結集された。しかも、ワシントンDCという同一の場所においてである。

自然の流れのなかで、このような現象が偶然に発生するのは稀なことであるはずだ。だが、ワシントンの桜の場合、同じ夢を持つ人たちを結びつけることになった人物が存在した。エリザ・シドモアの実兄、ジョージ・シドモアである。ジョージ自身は桜の移植に直接関わりを持たなかったが、それぞれの繋がりを結ぶ役割を担っている。ジョージを核として、同じ夢を持った人たちが、どのように見えない糸で繋がり、友情と連帯を形成することができたかを整理しておくことにしよう。

ジョージ・シドモアの存在

ジョージ・ホーソン・シドモアは法律を学んだ後、アメリカの領事館勤務の職に応募する。そして一八七六（明治九）年、ユリシーズ・グラント大統領の政権下で在英国リバプール領事館書記として採用されると外交官の道を歩み始めた。その後、在スコットランド、在パリの領事館に勤務し、一八八一（明治十四）年から神奈川領事館に着任していた。

ジョージは外交官であると同時に弁護士資格も有していた。神奈川領事館・副領事の時には日本法曹界の人材育成教育を支援した。一八八五年九月に設立されたイギリス法律学校（後の中央大学）では教壇に立ち、米国領事裁判訴訟法を講義するとともに自著の法律教科書を出版している（現在、この教科書は横浜開港資料館に収蔵されている）。ジョージがイギリス法律学校で講師をしている時期に、ワシントンへの桜寄贈に関わる小村寿太郎や松井慶四郎も講師をしていた。この頃、それぞれに何らかの接点があったと思われる。

ジョージ・シドモアは、一九二二（大正十一）年十一月に横浜の自宅で他界するまで、足掛け四十年の日本勤務であった。その間、将来の「ポトマックの桜」に関わる人たちとの出会いがあった。

最初の出会いは高峰譲吉であった。高峰の元麹改良法の特許出願にあたって、申請手続きの指南をする一八八六（明治十九）年前後のことだった。その後も、オハイオ州に移住した高峰の特許出願にあたり、手紙のやり取りで数々の助言を与えた。高峰と特別な親交のあったシドモアは、妹のエリザについて話をする機会があったと思われる。

シドモアとタフト夫妻との出会いは、ウイリアム・タフト一行が日本に立ち寄った一九〇〇（明治三十三）年のことである。一行を横浜港で出迎え、米国領事館主催の歓迎祝賀会から明治天皇謁見式典への随行まで、夫妻の接待を務めている。

一九〇七（明治四十）年九月のタフト夫妻の日本再訪でも、二人のために準備された数々の祝賀会や交歓会を主催した。この時も、タフト夫妻の二度目の天皇謁見にシドモアが随行した。米国陸軍長官としてワシントンDCに居住していたタフト夫妻であったから、お互いの会話の中で、「ナショナル・ジオグラフィック・ソサエティー」で活躍する妹のことも話題に上ったはずである。

チャールズ・マーラット夫妻との出会いは一九〇一（明治三十四）年の桜の時期であった。米国農務省に勤めるマーラットの調査研究目的のために、加藤高明外務大臣への紹介状を書いている。マーラット夫妻が日本を離れるまで何くれなく支援をしていたと思われる。

翌一九〇二（明治三十五）年の四月下旬、米国農務省の調査官・デイビッド・フェアチャイルドが来日する。彼も日本各地の農家や農事試験場を訪問視察して、植物、果樹、野菜類の調査・収集を行うために、日本の管轄官庁による視察許可証を申請しなければならなかった。シドモアはマーラットの時と同じように、管轄官庁に提出するための身元保証人証を作成した。このとき、横浜総領事代理になっていたシドモアは、前年のマーラット夫妻来日の話だけでなく、エリザの話にも花が咲いたことが想像できる。

エリザとヘレン

エリザにとって何度目かの日本滞在となる一九〇〇（明治三十三）年五月、フィリピン統治を担う民政長官一行が横浜港に立ち寄った。米国公使館では、一行のために歓迎会を準備した。そして、公使館員の夫人だけでなく、横浜周辺に居住する民間のアメリカ人も歓迎会の準備と接待に駆り出され、ジョージの妹エリザにも声がかかった。

公式行事が終わって一週間後、アメリカ政府派遣団は夫人たちを日本に残してフィリピンに出発した。米国公使館では、夫人たちのために親睦会やサンデーブランチ・パーティーを開催した。その機会に、エリザとヘレンはワシントンDCを話題にして会話を楽しんだ。音楽と文化、そして政治にも強い関心を持つヘレンは、エリザの仕事や、女性カメラマンとしての体験談、世界旅行を題材とした出版本まで、話の尽きることはなかった。ジャーナリストとしてのエリザも、シンシナティーでのヘレンの音楽活動とシンシナティー・シンフォニーの設立に関わる功績を称えた。

日本滞在中に何を見ておくべきかというヘレンの質問に、エリザは、「三月末から四月上旬にかけて花を咲かせる日本の桜をご覧になって欲しい。フィリピン滞在中に休暇を利用して、桜を見にいらしたらいかがでしょうか」と答えた。

これ以後十六年間、二人が再会する機会はなかった。だが、この年の横浜における出会いは、互いに好印象と親愛感を抱かせるものであった。

マーラットとエリザ

一九〇一(明治三十四)年九月中旬に日本を出発したマーラット夫妻は、上海経由で天津から北京に行き、中国北部まで調査してカイガラムシの原産地を確定した。夫妻は再び上海に戻ると、ジャワ、セイロン(現スリランカ)、エジプトをめぐってヨーロッパへの船旅を続けた。ワシントンへの帰国は一年後の一九〇二(明治三十五)年四月であった。

農務省昆虫局に復職したマーラットは、カイガラムシについての報告とアジアをめぐる調査研究の報告書をまとめあげた。任務を終わって肩の荷もおりたマーラットは、横浜で知り合いになったシドモア総領事代理との約束を思い出した。

既に夏の暑い日差しが降りそそぐ六月のある日、市中へ外出したマーラットは、エリザ・シドモアを訪ねてナショナル・ジオグラフィック・ソサエティーに立ち寄った。

マーラットはエリザに面会すると、日本を調査旅行した折に、横浜の米国公使館でジョージ・シドモアの世話になったことを告げた。そして、話は日本の社会と文化におよび、人力車に発展した。エリザは日本を懐かしむかのように話し始めた。

「あなたも人力車を利用されたと思いますが、あれもユニークな乗り物ですわね。借り上げ料金は、アメリカの馬車に較べると格段に安いですし、車夫も気のよい人たちが多いですね。私も、どこに行くにしても人力車を借り上げたんですよ」

「小回りも効くし、馬車ほどの振動もなく、軽快な乗り物ですね。日本人はなかなか気の利いた乗り物を造ったもんですよね」。マーラットも同意した。

「何でも日本の鍛冶屋が、西洋人のアイデアと無蓋馬車のイメージをもとにして作り上げた物だそうですよ。またたく間に日本全国に普及したそうで、風土に合った乗り物なんでしょうね」

続いて桜の話になると、途端にエリザは目を輝かせた。

マーラットが横浜に到着した時は桜の季節だったことを話し始めた。特に、東京の桜の素晴らしさが印象的であったことをエリザに語った。

「向島の桜までご覧になったんですか。素晴らしい桜と桜並木だったでしょう。私にはあの光景が忘れがたく、いつの日にか、このワシントンＤＣでもあんな桜並木を再現したいものだと夢見ているんですのよ」

「そうですか、私はそんな大きな夢なんかじゃありませんが、我が家の庭に桜を咲かせたいと思って何本かの苗木を注文してきたんですよ」

日本での思い出話を語るマーラットは、桜が花を咲かせたら、エリザを招待しようと約束した。

フェアチャイルドとエリザ

世界中の果樹、野菜、植物類を調査するフェアチャイルドは、「ナショナル・ジオグラフィック・ソサエティー」が発行する出版物を読むことがあった。いくつかの出版物に、異なる国や文化の珍しい体験記事を寄稿し、貴重な写真を撮る「エリザ・R・シドモア」という作者の名前も憶えていた。

一九〇五（明治三十八）年、フェアチャイルドは発明家として名高いアレクサンダー・グラハム・ベル博士の娘マリアンと結婚した。フェアチャイルドと義父のベルは気が合ったのか、何でも遠慮なく話し合いをする間柄であった。ある日のとりとめのない会話から、ベルが「ナショナル・ジオグラフィック・ソサエティー」の理事長を務めていることを知った。

一八八〇年代後半のワシントンＤＣには、旅行を愛好する教育者や裕福な人たちのためのエリート・クラブができていた。一八八八年一月、この民間クラブを中心にして三十三人の探検家や科学者が、世界の地理学的知識の強化と普及を目的とする非営利団体組織を設立した。組織は二週間後に、

「ナショナル・ジオグラフィック・ソサエティー」として正式に発足した。弁護士のガーディナー・G・ハバードが初代理事長に就任した。

十月になるとソサエティーの公式機関誌が刊行された。世界の地理、風土、文化、自然、民族についての論文や記事を写真入りで掲載する機関誌だった。機関誌は「ナショナル・ジオグラフィック・マガジン」と命名されるが、間もなく「ナショナル・ジオグラフィック」と改名された。

エリザ・シドモアが「ナショナル・ジオグラフィック・ソサエティー」の会に入会したのは一八九〇（明治二十三）年のことだった。これを機に、エリザは異文化旅行における体験記を機関誌に掲載し始めた。さらに、当時のアメリカでは非常に珍しい女性カメラマンになった。女性の目線で捉えたエリザの写真は、感性豊かな作品として好評を博した。エリザの活躍と名声を評価するソサエティーは、彼女を理事会のメンバーに任命した。初の女性役員の誕生であった。

「ナショナル・ジオグラフィック・ソサエティー」の設立から九年後の一八九七年、ハバードは理事長職を義理の息子アレクサンダー・ベルに譲った。

マリアンとの結婚後、義父からの推挙もあって、デイビッド・フェアチャイルドはソサエティーの役員に就任した。これ以後、フェアチャイルドとエリザは親しく言葉を交わすようになった。共に日本を知る二人は、しばしば日本の桜について語り合った。エリザは、フェアチャイルドに対して何度となく、ポトマック河畔に日本の桜を咲かせたいと夢を語った。

フェアチャイルドは、日本に到着した時は桜の時期が終わってしまい実際に花を見ることはできなかったが、桜の話を聞き、スケッチや版画絵の花を見て桜の美しさに魅了されたと打ち明けた。その時に三十種類ほどの桜の苗木を買い付け、それをカリフォルニアのチコに植えたが、気候が合わなくて苗木を枯らしてしまったことも話した。

「今度は、メリーランドに植える桜木を注文しようかと考えているんですよ」と、フェアチャイルドも桜の植樹を考えていると打ち明けた。日本の桜を共通の話題として、二人の間に友情が芽生えていった。

マーラットとフェアチャイルド

フェアチャイルドがトーマス・バーボア・ラスロップと一緒にアジアでの植物調査を続け、最後の調査地日本からアメリカに戻ったのは一九〇二（明治三十五）年の晩秋であった。農務省の植物・種苗調査課に復職したフェアチャイルドは、日本でジョージ・シドモアから教えてもらった情報をたよりに、チャールズ・マーラットを訪ねてみることにした。

同じ農務省内で勤務するマーラットを探すのはたやすいことだった。昆虫局を訪ねてマーラットに挨拶をするだけだったからだ。フェアチャイルドは、植物調査研究で日本に行き、最近職場に戻ったことを話した。二人は一年違いの日本滞在で気が合ったのか、日本での思い出話に花が咲いた。当然のことながら、話題は「桜」におよんだ。

「あなたも四月から日本に行かれたんですか？　それでは日本の桜をご覧になりましたか？」

マーラットの質問に無念そうな表情を浮かべてフェアチャイルドが答えた。

「それが桜の季節が終わった直後のことであり、残念ながら花そのものは見ることができませんでした。でも、桜の研究者からいろいろな話をうかがうと同時にスケッチを見せてもらいました。あまりにも美しい花だったので、横浜にある横浜植木で桜の苗木を注文して帰国したんですよ」

「あなたもですか。私も桜木を注文して来ましてね。それらがこの春に到着したので、我が家の庭に植えたんですよ。二、三年後には花がつくだろうと期待しているんですよ」

我が意を得たりという思いから二人の話は弾み、互いの故郷について語り合った。偶然にも二人の出身は同じカンザス州で、しかもカンザス農科大学の卒業生だという。マーラットはフェアチャイルドより二年先輩だった。同郷で同窓生、そして日本の桜に関心を持つ二人は、同郷意識と共通の話題による友情を深めていった。

高峰とエリザ

一八九七（明治三十）年、イリノイ州ピオリアからニューヨークのマンハッタンに移った高峰譲吉は、上中啓三を共同研究者としてアドレナリンの純粋培養に成功した。一九〇〇（明治三十三）年六月のことだった。

化学研究者として大成した高峰は、日米両国での財界人や知識人とのつき合いを生かして、一九〇五（明治三十八）年に「日本倶楽部」を立ち上げた。二年後の一九〇七（明治四十）年には、「日本倶楽部」を発展させて「ジャパン・ソサエティー」を設立した。そして、アメリカ人に、日本人への理解を促すための活動を展開することにした。

日本人排斥問題を懸念するワシントンDCのエリザが、「ジャパン・ソサエティー」に関心を持ち始めた。エリザは、「ジャパン・ソサエティー」が開催する交流会や機関紙発刊に参加するようになり、「ジャパン・ソサエティー」主催の親睦会にも出席し始めた。

親睦会でエリザ・シドモアを紹介された高峰は、敬意を払ってエリザに挨拶をした。

「あなたがミス・シドモアでしたか。はじめまして、高峰譲吉と申します。私は日本でお兄様のジョージさんから特許申請手続きの際に大変お世話になりました」

「ミスター・タカミネの偉大な研究と、ご活躍についてはかねがねうかがっております。お目にかかれて大変光栄です。しかも、私の兄と知り合いであったとは不思議なご縁ですね」

エリザも、化学者として時の人である高峰に接し、彼の進取の気性に富んだ大らかな性格に親近感を覚えた。最初の出会いから話が弾み、二人は一九〇四（明治三十七）年十二月から翌年四月まで開催されたセントルイスでの万国博覧会や、カリフォルニアでの日本人排斥まで率直な意見交換をした。

それからというもの、エリザは「ジャパン・ソサエティー」主催の交流会には欠かさず参加するようになった。高峰も、ワシントンＤＣに出張する機会があると、時間の許す限りエリザを訪ねている。話題はいつも日本人と日本文化についてであったが、決まって最後は日本の桜に行き着くのであった。

このように、一九一二年の「桜植樹」に関わったアメリカ人たちは、ジョージ・ホーソン・シドモアという一人の外交官を根幹として、互いの出会いと繋がりを形成していった。

人間社会ではなにかをしようとしても、一人の力だけで簡単に成就できるものではない。人間同士の有形・無形の協力なしには、所詮素晴らしい夢や考えも「絵に描いた餅」で終わってしまう。だから、なにかを実現させるためには、人の繋がりを持って協力の輪を形成することが不可欠である。その前提をなすのが人と人の出会いと言えよう。

ワシントンＤＣポトマック河畔での日本の桜植樹にしても同じことがいえる。桜による日米親善を表と裏で支え演出したアメリカ人たちは、ジョージ・シドモアを軸として見えない糸で繋がり、互いの出会いと連帯を形成した。またその後方でも大勢の人と人の出会いがあり、その人たちが『輪』と『和』をもって日本の桜植樹に尽力していったのである。

4 アメリカに桜を

マーラット邸に咲く桜

日本で注文した桜木がマーラット夫妻のもとに届いたのは、帰国から一ヵ月ほど経ったころだった。木箱に梱包された何本かの苗木をていねいに取り出しながら、夫妻は日本のお花見風景を思い起こしていた。

「この桜が生長して無事に花を咲かせるといいですね」

「そうだね。日本で見た桜のように清楚な花が咲き、ヒラヒラと舞い散るあの風雅な光景を我が家で見られるようになったら素晴らしいだろうね」

二人は庭のどこに苗木を植えようかと辺りを見回した。玄関前のフロントヤードにしようか、裏庭であるバックヤードがいいか、決めかねた。最終的に、日当たりのよいバックヤードにしようという夫の意見で裏庭に植樹することにした。

「ちょうどよい間隔に桜が植わりましたね。どのくらい経ったら花は咲くのですか?」

夫人の質問に、マーラットは植えたばかりの苗木を見回しながら答えた。

「そうだね、順調に生長していけば、花が咲くのは早くて二年、遅くとも三年くらいではないだろうか。それにしても、さつきの潅木と桜の配置がとてもいいね。咲くのが楽しみだな」

植樹作業を終えて、お茶を飲みながら夫妻は将来の楽しみを語るのだった。


桜の植樹から二年が過ぎた一九〇四(明治三十七)年の三月中旬。裏庭にある桜の枝の蕾が大きく膨《ふく》らみ始めていた。たまたま庭に出たマーラットが桜の蕾を見つけた。ほのかな気持ちで家の中に戻ると、夫人に桜の生長を伝えた。

「我が家の桜の蕾が大きく膨らんでいる。今年はいよいよ花を咲かすようだよ」

「そうですか、ようやく日本の桜が見られるのですね。楽しみだわ」

大きな瞳に喜びをたたえる夫人が、外の桜に目をやりながら答えた。

桜の開花を待ちわびるマーラット夫妻は、毎朝、蕾の生長を見るのが楽しみだった。

カレンダーが四月にかわった。マーラットが帰宅すると、夫人が声を弾まして話し始めた。

「チャールズ、庭の桜を見てくださいな。桜の蕾が開いているわよ」

玄関からリビングルームに直行したマーラットが思わず声を上げた。

「本当だ、桜が開いている！　今朝、家を出る前はまだ半分も開いていなかったのに。すごいね」

朝までは桜の開花がまだ四分咲きだったのが、温暖な気温となったこの日、一気に七分ほどまで開花していた。

「ところで、デイビッドはもう帰っているかい？」

「いえ、まだですが、デイビッドさんももうすぐに帰宅なさると思いますわ。私はみんなの夕食を用意しますから、あなたは着替えてくださいな」

そう言って、夫人がキッチンに向かうと、マーラットは二階の自室へと階段を上がった。

独身のデイビット・フェアチャイルドは農務省に働く専門官である。しかも、たびたび長期調査旅行に出かけるせいか、まだ自分の家を持っていなかった。

フェアチャイルドは一九〇二年秋の帰国後も正式な住まいが決まっていなかった。同じ省内に勤務するマーラットと親交を結ぶようになったフェアチャイルドは、マーラット夫妻の自宅に間借りすることとなった。同じ大学の同窓生として、マーラットに特別な親近感を持っていたからだ。

この日、フェアチャイルドはいつもより少し遅く帰宅した。彼の帰宅を今か今かと、首を長くして待つマーラットは、フェアチャイルドの顔を見るなり、庭の桜が開花したことを告げた。目を輝かせるフェアチャイルドは、ランタンを手にしてマーラットとともに裏庭に飛び出した。

「これが日本の桜ですか。本当に可憐で美しいですね」。そう言いながらフェアチャイルドは花弁を覗き込んだ。

「まさか二年目にして花を咲かせるとは思わなかったよ。薄ピンクの淡い色といい、真綿のような柔らかさといい、まさに日本を偲ばせる花だな」。マーラットも同意の呟きをもらした。

「チャールズ、桜の花は長くても一週間くらいなんですよ。どうですか、今週の週末にでも、日本人をまねてお花見といきませんか？」

「それはいい考えだ。我々だけのお花見ではもったいないから、友人たちにも声をかけようじゃないか」

フェアチャイルドの意見に賛同するマーラットは、真っ先にエリザ・シドモアを思い浮かべた。二年前、「ジオグラフィック・ソサエティー」に彼女を訪ねた時、「桜が花を咲かせたら招待する」と約束していたことを思い出したからだ。


その日は朝から晴れて、春風がそよぐよい天気であった。午前中で仕事を終えたマーラットとフェアチャイルドがそれぞれの友人であるエリザとトーマス・ラスロップのほかに、農務省の友人を伴って帰宅した。裏庭に咲く桜はまさに満開であった。花の雲が木を覆っているかのような姿は、辺り一面を賑やかにし、明るい雰囲気を漂わせていた。誰もが、桜の花は美しいと思った。

「これから我が家でのお花見会を開きます。日本人は桜の下に陣取って花を楽しむものですが、我々アメリカ人は二階のベランダで楽しみましょう」

そう言って、マーラットはみんなを二階のベランダに誘った。ベランダに椅子を並べて上方から見る桜も見事であった。

招待客の一人が、「これが日本の自然美なんですね」と呟いた。すると、別の人が切り出した。

「自然美を楽しむということは、自然が作り出す美しさを人間の感性が受け止めて、それを網膜に焼き付ける、というか、記憶に収蔵することですよね。それなのに、桜に惑わされて昼間から宴会を始める日本人の感性は変わっていますね」

すかさずエリザが答えた。「日本人は自然と自分を一体化するんですよ。だから、桜の花が短い命を咲き誇るその一瞬に、桜とともに生命力の悦びに浸ろうとするのです」

彼女は日本人の桜に対する愛情とお花見の習慣をみんなに説明した。桜に込められた日本人の文化と国民性を語るエリザの表情は桜のように輝いていた。

桜をめぐる話が熱を帯びてきたところにマーラット夫妻がお茶の用意をしてやってきた。

「日本人のようにお酒を供応することはできませんが、お茶を召し上がりながら、桜を楽しんでください な」。そう言いながら、夫人はみんなの持つティーカップに紅茶を注いでまわった。

エリザとマーラット夫妻が日本で実際に見た桜の花とお花見の思い出を語った。フェアチャイルドも東京の帝国植物園の松村園長と江北村（現足立区）の高木から教えられた桜の話を披露した。桜の話に熱中する座の中に、風に舞う桜の花びらが、二片、三片と舞い散っていた。

エリザの桜陳情

初めての日本旅行いらい、エリザは日本の桜をワシントンＤＣに植えるという夢を募らせた。ポトマック公園を管轄するこれまでの公共土地・建造物管理庁長官に桜植林の陳情を繰り返してきたが、何ら成果もないままであった。

一八八九（明治二十二）年、共和党のベンジャミン・ハリソンが大統領に就任した。政権の交代に伴い、公共土地・建造物管理庁長官にはジョン・Ｍ・ウイルソン大佐が任命された。

新しい担当官なら桜植樹の陳情を受け入れてくれるのではないか。そう期待するエリザは、新長官に面会を申し込んだ。長官との予約を得たエリザは、再び日本で撮った桜の写真やスケッチ画を携えてウイルソンのオフィスを訪ねた。河畔造成地に美しい桜を植えたら、雑木だけで何の変哲もない野っぱらのような公園が見違えるように美しい河畔に変わるであろうと、熱弁をふるった。

エリザの話を聞き入っていた長官が尊大な態度で反論した。

「あなたのアイデアも悪くはないが、河畔に桜を植えて実をつけたら、美しいどころか、面倒が生じるんじゃないかね？」

「それはどういうことでしょうか？」

「公園になるサクランボを子どもや大人が盗みに来ると思わんかね？　そうすると、桜の枝は折られるし、ましてや子どもが木から落ちて怪我でもしたらどうするんだね？　そのような不祥事を防ぐためのポリスや管理人を配置する余裕なんかないいんだよ。ワシの言いたいことがわかるかね？」

長官の言葉に笑いを殺してエリザが答えた。

「長官、そうじゃないんです。私がお願いするのは花の美しい桜であって、実はつけないんです」

「実のならない桜だって？　それじゃ、何の価値もない桜を植えることになるんじゃないか。そんな話には乗れないね」

またしても陳情の成果はなかった。今回も、エリザは悲しい気持ちでオフィスを退出するのだった。

フェアチャイルドの桜栽培

友人マーラットの家でお花見をしたその年の秋、フェアチャイルドには大きな転機が訪れた。知人グローブナー家のディナーパーティーにおいて、若く美しい女性との出会いである。女性の名はマリアン・ベルといった。電話の発明者として知られるアレクサンダー・G・ベルの末娘である。

半年後の一九〇五（明治三十八）年四月二十五日、二人はまわりの祝福を受けて結婚式を挙げた。

その夏、フェアチャイルド夫妻は知人の協力を得て、メリーランド州郊外のケンジントンに四十エーカー（約十六万千八百八十平方メートル）の土地を購入した。一帯はロッククリークの流れに沿って広がる丘陵地帯で、農場と人家がまばらに見られるだけののんびりとした僻地であった。

そのころのワシントンDCは大きく変化していた。およそ十七万五千人だった市内人口が倍近くに膨れあがり、郊外への発展と移動も活発になっていた。ワシントンの北面に広がるメリーランド州のチェビーチェイス地域に人が住み始めるのもこのころからである。郊外への人の移動に伴って輸送手段も急速に発達した。一八八〇年代半ばまでの乗り物といえば馬や馬車であったのが、鉄道馬車に変わり、一八八八年二月には電気を利用した路面電車が運行し始めた。市内と郊外を結ぶ路線も拡大した。そして二十世紀に入るとコネティカット通りも整備され、チェビーチェイスまで鉄道が通じるようになっていた。

ケンジントンに　広大な土地を持った二人は、敷地内に実験農園を造営することにした。園芸場の場所が決まると、木々の伐採と雑草の刈り取りを行い、そのあとを整地した。夫妻は林の中に残る納屋を山小屋風に改造した。週末はそこに寝泊まりして、一日中苗床の造成作業に専念した。

次なる作業は植樹実験用の植物選びである。カタログを利用して苗木の選択を行うと、国内外に植物の注文をした。この時、フェアチャイルドは横浜植木の鈴木卯兵衛に宛てて、二十五種類の桜百二十五本を注文している。

一九〇六年四月、竹で編んだ美しい荷箱に収められた桜苗木が日本から届いた。フェアチャイルド夫妻は胸をときめかせて荷箱を開き、苗木の仮植えを始めた。

実験農園の造成中にラスロップがケンジントンの二人を訪れた。自然林に覆われ、クリークが流れ、鳥たちがさえずり、小動物が木陰を駆け回る広大な敷地を見渡して、ラスロップはそこを「ウッド(In the wood)」と名付けた。

農園ができると、夫妻は実験用の園芸樹木や野菜類の栽培にとりかかった。日本から取り寄せた桜、竹、楓や独活《うど》、山葵《わさび》なども加えられていった。

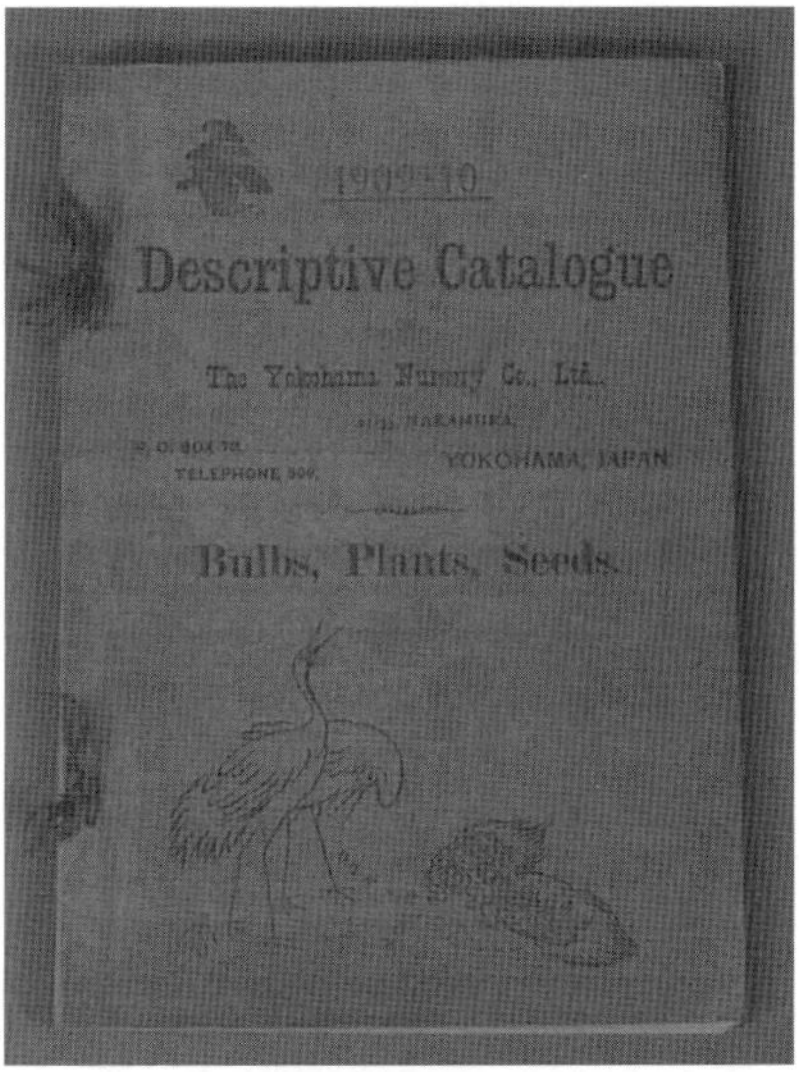

横浜植木のカタログ
出所）横浜植木株式会社所蔵

夏を前にしたある日、「ウッド」に一人の若いアジア人が訪れた。

「博士は世界中の農植物を集めて栽培していると、駒場農科大学の玉利喜造先生から紹介されてまいりました。僕をあなたの農園で雇っていただけませんでしょうか?」

モーリ（森）と名乗る二十歳前後の青年で、農学の勉強にやってきた日本人留学生だという。

玉利は政府派遣者の一人として、高峰譲吉らとともに一八八四年のニューオーリンズ万国博覧会に参加している。その時に、玉利はフェアチャイルドと面識をもっていたのである。

日本人青年の突然の訪問を受けたフェアチャイルドは、ちょうど日本の桜の栽培実験に力を傾けているところだった。フェアチャイルドにとってもモーリを受け入れるのに絶好のタイミングである。モーリを雇い入れると、本格的な桜の栽培に取り組むことにした。

モーリは「ウッド」内の実験植物の管理を任されることになった。最初に手がけたのは、植物にとって有害な草花を除草し、周りの土を鍬で起こし、必要とあれば植物の配置換えであった。それが終わると、新たな開墾地に白菜や桜島大根を植え付けた。桜木の間には梅の木を配していく。一連の農事作業を終えると、モーリが言った。

「博士、ここにはたくさんの桜木がありますね。だけど、ヒマラヤ杉や雑木に混じっているのはいただけませんよ」

「どういうことなんだい？　前年、横浜から取り寄せた桜は実験用苗木として植え付けたんだよ。桜は繊細だから、むしろ松やヒマラヤ杉に守られている方がいいと思って、そうしたんだがね。だから、どの桜木も健康に育っているんじゃないのかな？」。フェアチャイルドが桜の植樹を説明をした。

「博士、どの桜も順調に生長しているからこそ、このままではもったいないなと思うんです」

「じゃあ、モーリには何かいい考えでもあるのかな？」

フェアチャイルドの問いに、モーリが答えた。

「博士、日本には『桜の杜（Cherry field）』と呼ばれる、美しい場所があるんです。そこには何十本、何百本というたくさんの桜が植わっていて、春になると一面が桜の花で覆われるんですよ」。

「私も、日本で『桜の杜』という言葉を聞いたことを覚えているよ。ただ、絵葉書と写真で見るだけだったんだがね」。日本での思い出を懐かしむように語った。

「それは見事なものですよ。どうですか、ここには必要にして十分な数の桜があるんですから、周りをきれいに整備して『桜の杜』を作りませんか？」

フェアチャイルドの了承を得たモーリは、翌日から不必要な雑木を切り払い、「桜の杜」造りに精を出した。桜の植わる一帯を整地すると、何本もの桜を移し変えていった。何をするのかと問うフェアチャイルドに、モーリは桜並木を造るのだという。高台に至る小道に沿って桜を植えていった。

三年後の一九〇九（明治四十二）年、二メートルほどに生長した桜は枝にたくさんの蕾をつけた。なかでも枝垂彼岸桜の生長は著しく、たくさんの健康な蕾をつけた。三月の終わりになると蕾がほころんで、どの蕾もいっせいに淡いピンクの花を元気よく咲かせた。

桜を見回ったモーリが息を切らして丘を駆け上ると、フェアチャイルド夫妻に報告した。

「博士、桜が開花しましたよ！　見に来てください！」

夫妻はモーリの後について実験農園へと続く小道を下った。

小道に植わる桜が花をつけていた。丘の下の農園も一面がピンクに染まって見えた。それぞれの桜を見て回ったフェアチャイルドが感慨無量につぶやいた。

「私たちの桜も無事に花をつけたんだね……。ワシントンの地と気候でもちゃんと桜が育つんだよ。嬉しいねー」。夫妻は新生児に語りかけるように、「ウエルカム・トウ・ウッド」と呟いた。

高峰譲吉の桜推進活動

ワシントンDCでは、公共土地・建造物管理庁長官が交代するたびに、エリザ・シドモアは桜植樹の提言を繰り返していたが、ニューヨークでも似たような運動が起きていた。ハドソン河畔に桜並木を造ろうという高峰譲吉の発案による運動であった。

高峰は、メリーウォルド・パークの自邸に植えた桜が満開になると、ここを訪れる誰もが桜の美しさに心を打たれるのを知っていた。武家に連なる家柄に生まれた高峰自身も、桜は風雅であるだけでなく、日本人の精神を象徴する花であることをよく理解していた。だから、高峰は市の公園局に出かけて行き、繰り返し提案するのだった。

「私が日本の桜を寄贈しますから桜公園を造る許可を出してください。ハドソン河の公園が美しくなるだけでなく、日本の花をニューヨーク市民にも楽しんでいただけるはずです」

「ミスター・タカミネ、ご厚意はありがたいんですが、外国産の植物を移植するには州の許可だけでなく、連邦政府からの承認を得なければならないんですよ。私たちには煩雑な承認手続きにかけている余裕などないんです」

高峰はあえて反論することはしなかった。だが、「いつかは公園局の許可を得てニューヨークにも桜を咲かせてみせるぞ」という強い決意を抱く高峰は、機会あるごとに公園局へ足を運び、誠意をもって陳情を続けた。一途な高峰の努力にもかかわらず、公園局からの高峰への回答は毎度つれなかった。それでも、アメリカ人に日本の桜を見せようという高峰の桜に対する思いが消えることはなかった。

5 転換と躍進

一九〇八年の大統領選挙

一九〇八（明治四十一）年、大統領選挙の年を迎えた。共和党のウイリアム・タフトと民主党のウイリアム・ジェニング・ブライアンが激しい選挙戦を展開していた。ルーズベルトからの支援を受けたタフトは、前政権の政策を踏襲しながらも、武力でなく経済力による平和外交を公約にあげて戦った。一方のブライアンは、過去二度の大統領選挙でマッキンレーに敗北していたとはいえ、民主党内の進歩派や市民主義派の間で堅実な人気を博していた。政権奪取を目指すブライアンと民主党は果敢に戦った。そして、十一月二日、投票が行われた。結果はタフトの圧勝であった。

翌一九〇九年三月四日は新大統領の就任式の日。前夜から降り始めた雪のために就任式会場が急遽変更される。式典は上院議事堂内で行われることになった。

午前十一時、大統領就任式が始まった。タフトは最高裁判事が差し出す聖書に手を置き、新任大統領としての宣誓を終えた。夫をアメリカ合衆国大統領にさせたいと願ったヘレンの夢が成就した瞬間でもあった。

就任式後、大統領が連邦議事堂からホワイトハウスまでパレードをするのは今も昔も変わらぬ行事である。だが、この日のパレードは、これまでのしきたりとは大きく異なっていた。雪の残るペンシルベニア通りを埋める見物人が見たのは、山高帽を被る大統領の横に、花をあしらった紫色の婦人帽を被るヘレン・タフト夫人の姿であった。これまでは新任大統領と前大統領が一緒にパレードをするのが慣例であった。だが今、馬車に座るのは去り行くルーズベルトでなく、ファーストレディーである。彼女が歓迎の群集に向けて満面の笑顔で手を振っているのだ。

馬車が近づくと、沿道で待ち構えるカメラマンが一斉に飛び出していく。特ダネの写真を撮ろうと、何人ものカメラマンが馬車の後を追いかけた。翌日の新聞には、「新しい時代の扉を開くファーストレディー」というタイトルで一面が飾られた。

ファーストレディーとなったヘレンは、ホワイトハウスの居室から南前方に広がるタイダル池とスピードウエイを望みながら、大統領夫人に期待される社会事業への取り組みを考えていた。これまで社会的な活動体験が豊富な彼女は、任務を遂行する自信はあるものの、どんなことをしたら国民に喜んでもらえるものかと考えあぐねていたのだ。

ヘレンは十数年前に始まったマクミラン上院議員の「都市美化運動」に強い興味を惹かれた。この運動と結びつく形で、何かできないだろうか？　かつてマニラで実施したように、人種の区別なく、さらに老若男女の別なく、誰もが楽しめる何かをしたい。ヘレンの意識の中でマラカニアンでのガーデンパーティーとルネタ公園の思い出が蘇っていた。

一九〇九年四月一日の朝、ファーストレディーはホワイトハウス南庭から聞こえる鳥の声で目を覚ました。カーテンを開けると、ポトマック河対岸に広がる林の間から明るく輝く朝日が昇り始めていた。ヘレンは四月の清々しい空気を胸いっぱいに吸い込むと、朝日に向かって十字を切り、朝の祈りをした。しばしワシントン記念塔を眺めていたヘレンはなにを思ったのか、デスクに戻り電話を取り上げると、ホワイトハウス専属のドライバーを呼び出した。

「グッドモーニング。ヘレンだけど、朝食前のドライブをしたいの。三十分後に出発できるように準備をしてくれないかしら？　お願いね」

「イエース、ファーストレディー。了解いたしました」。電話の向こうでドライバーが返答した。

三十分後、ヘレンを乗せた車は十四番通りを南に走り、スピードウエイに入っていった。早朝のスピードウエイを走る車は、ヘレンの車以外に一台か二台を見るだけだった。快適に飛ばす車はウエスト・ポトマック埋立地からイースト・ポトマック埋立地に向かって走った。ゆったりと流れるポトマック河の川面に、昇った太陽の光がキラキラと反射している。心地よい風を受けて座席に身を沈めるヘレンは、マニラ湾の海岸通りとルネタ公園を思い出した。

ポトマック河畔へのドライブから戻ると、ヘレンは直ちに大統領秘書官を呼び出した。何事が生じたのかと心配気に駆けつけたアーチー・ブットは、興奮気味ながらも生き生きとしたヘレンの顔を見た。

「アーチー、とてもよいアイデアが浮かんだのよ。まだ誰にも話していないことなのだけど、私と一緒にポトマック河畔の埋立地に行って欲しいの。あなたのスタッフも一緒に連れてきてくださいね」。有無を言わせぬ指示にアーチーは、苦笑しながらリクエストに従った。

三人を乗せたピアース・アロー号は、朝と同じ道を走り、イースト・ポトマック埋立地に向かった。車は埋立地の南端部で止まった。まばらな雑木や冬枯れの雑草に混じって緑の草が生え始めた野原を指差しながら、ヘレンはアーチー・ブットたちに秘密を打ち明けた。

「都市美化運動の一環としてこの辺りに野外ステージを立ち上げて、ネービー・バンドによる音楽コンサートを実施したいのです。市民のためのコンサートとして、誰もが自由に楽しめるものにしたいのだけど、どうかしら？」

ブットたちは、「なぜこんな荒地のような場所でコンサートを？」と疑問に思いながらも、ファーストレディーの説明に耳を傾けた。

三人を乗せた車は一時間足らずでホワイトハウスに戻った。朝食をすますと、すぐさま具体的な計画の起案にとりかかった。ヘレンが主導する計画案はあれよあれよという間に決定されていった。それは、二週間後の四月十四日までに野外ステージを架設すること。そして、その翌週から毎週水曜日と土曜日の二回、野外音楽コンサートを開催することであった。

秘書室に戻った二人は、計画実行に関わる主だったスタッフを集めて担当と手順を決めた。ブット自身は執務室のタフト大統領を訪ねると、ファーストレディーの企画を説明して、大統領から公共土地・建築物管理庁長官のチャールズ・コスビー大佐に野外ステージ架設の指示を出すように願い出た。

大統領から直接の依頼を受けたコスビーは、部下であり造園建築家のジョージ・バーナアプに野外音楽堂の計画書と見取り図を作成させた。計画書ができると、それをファーストレディーに提出した。

翌二日の新聞には、「ファーストレディーは、ポトマック埋立地に野外音楽ステージを設け、そこで市民のためのコンサート開催を提案。それに伴い、埋立地の開発と整備をも考慮中」というホワイトハウス詰め記者による小さな記事が掲載されていた。

ホワイトハウスに届いた願い

四月になるとケンジントンの「ウッド」に見事な桜が開花した。フェアチャイルド夫妻は桜愛好会のメンバーを招待すると「ウッドのお花見」を催した。いつものように、マーラット夫妻とエリザを含む仲間がフェアチャイルド邸に集まった。一同が実験農園に続く小道を下っていくと、谷間の農場に薄ピンクの林が見えた。誰もが感嘆の声をあげた。

日本の桜を見ているマーラット夫妻とエリザが囁《ささや》いた。

「日本の桜を思い出すわね」

「本当だ、一面が桜の花で彩られる日本の桜とおんなじだ」

フェアチャイルドが、桜の種類が違うと花弁ばかりか開花の時期も、また樹木の特徴も異なることを説明する。

「桜の種類の中で枝垂れ桜が一番この辺りの風土に合っているようです。特にこの種類は少しくらいの乾燥に対しても耐久性が強いんですね」

フェアチャイルドは、桜がとても繊細な木であるだけでなく、虫のつきやすい植物であることも説明した。

桜の花を楽しんで丘の上の家に戻ると、フェアチャイルドは皆に語りかけた。

「みなさんも数日前の新聞を読んでご存じと思いますが、タフト夫人はポトマック河畔開発計画をお持ちのようですよ。桜植樹の提案をする絶好のタイミングではないでしょうか?」

誰もが同意すると、フェアチャイルドはエリザの方を見て続けた。

「エリザさん、あなたはファーストレディーをご存じですよね?」

「ええ、もう九年も前のことですが、私はヨコハマで数回お会いしているんですよ。でもファーストレディーは私を覚えておられるでしょうか?」

フェアチャイルドは、心もとなさそうな表情をしているエリザを励ました。

「ファーストレディーは頭のよい方です。あなたのことは覚えておられると思いますよ。だから、あなたから桜植樹についての進言書を書いてみてはいかがでしょうか? 私はコスビー大佐宛てに手紙を書いてみますから」

同席するみんなも、「それはよいアイデアだ」、と支持する。

「そうですわね、桜の陳情としては願ってもないチャンスですわね。早速文案を練った上で、ファーストレディー宛てに手紙を書いてみましょうか」。エリザも同意した。

次の日、エリザはヘレン・タフトに宛てて手紙を綴った。

「親愛なるファーストレディーへ

この度のタフト閣下の大統領ご就任おめでとうございます。私は、九年ほど前にヨコハマでお目にかかりましたエリザ・シドモアでございます。

数日前の新聞で、ファーストレディーのポトマック河畔開発整備という斬新なご計画を拝見いたしました。一市民として大変嬉しく存じ上げるとともに、お手伝いできることがあればどんなことでもご協力させていただきたいと思います。僭越《せんえつ》ではありますが、開発整備にあたり日本桜の植樹をご配慮いただけましたら幸甚に存じます。河畔に桜が咲くようになれば、東京の向島に匹敵するような素晴らしいポトマック公園ができあがることと確信するものでございます。

何卒、私たちの願いをご考慮いただけますようお願い申し上げます」

それはちょうど請願書にも似た手紙であった。

エリザからの親展書がヘレンに届けられたのは四月五日。文面を読むヘレンの頭には、マニラ湾に沿って立ち並ぶ椰子の木立と、写真で見る荒川堤の桜並木が重なって浮かんだ。確かに、雪の降るワシントンの気候では熱帯植物である椰子の木の生長は難しい。だが、椰子に代わって桜なら大丈夫かもしれない。それにしても、埋立地の周りに桜の木を植樹することが可能なのだろうか。ヘレンは秘書官のアーチーを交えて協議した。

「野外音楽ステージを建ててコンサートを行う上で、埋立地も整備していかねばなりません。ということは、河畔やステージの周辺に何らかの木を植えることになります。その植林に桜というのも良いアイデアであると思います」。アーチーはエリザの意見を後押しするのだった。

エリザからの手紙を受け取った二日後、ヘレンはおもむろにペンを取った。

一九〇九年四月七日

エリザ　R・シドモア様

拝復。桜に関するご提案を有難うございます。お申し出の件を真剣に取り上げ、桜植樹をお約束したいと思います。しかしながら、道が大きく右折する所までを桜並木に造成することが良い方法ではないかと思います。なぜならば、それ以外の場所はまだ荒地のままであり、どんな植物の栽培にも適さないからです。もちろん、桜が水面に映えるようなことはありませんが、（スピードウエイという）長い道を美しい道路に変えることはできるでしょう。私の考えをどのように思われるか、あなたのご意見をお聞かせいただけたら幸いです。

かしこ

ヘレン　H・タフト

エリザに対するヘレンの返信は決して儀礼的なものではなかった。ポトマック河畔に、「マニラ湾の模倣」、「野外音楽コンサート」、「桜並木」、という異なる三つのイメージを組み合わせると、ヘレンはすぐさま具体的な行動に着手したからだ。それは、コスビー長官に宛てて、桜植樹に必要な苗木の購入を指示したのである。

ファーストレディーからの手紙を受け取ったエリザは目を疑った。まさかすぐに返信をもらえるなどと思ってもいなかったからだ。しかも、個人的な請願を受け入れてくれるという。エリザの心は躍った。

エリザは高ぶる気持ちを押さえて、フェアチャイルドに連絡をした。

電話機のむこうで、フェアチャイルドの喜び声があがった。

「それは素晴らしいニュースだ。おめでとうございます。あなたの念願の夢が叶いますね。私たちもファーストレディーのご厚意に報いるようなことを考えなければいけませんよ」

「仰る通りですね。私も考えるところがありますので、今度お会いした時にでもいろいろ相談いたしましょう」

二人の会話は、まるで桜が満開になったかのように弾んでいた。

思いがけぬ協力者

エリザとヘレンが書簡のやり取りをしているちょうどそのころだった。ワシントンの日本公使館（当時の所在地はKストリートの一三一二番地）に近いホテルで、二人の日本人が朝食をとっていた。若い方の紳士は水野幸吉ニューヨーク総領事。丸顔に髭を蓄えた温厚で学者肌のもう一人の紳士は高峰譲吉博士であった。

水野がボイルドエッグをスプーンですくい上げながら話をしていた。

「ホワイトハウスからのニュースによりますと、ファーストレディーは、ポトマックの埋立地に野外音楽堂を建て、その周辺に桜を植えるらしいですよ。先生はご存じですか?」

先生と呼ばれる高峰が身を乗り出すようにして聞き返した。

「私もうわさでは桜植樹について耳にしていましたが、本当なのですね?」

「本当みたいですよ。日本通のファーストレディーのことですから、ポトマック河畔に桜が植樹されるでしょう。先生と同じ夢がワシントンでも実現されそうですね」

「そうですか。もしそうであれば、私もファーストレディーのご計画に協力して桜を寄贈させていただきたいものです」

「先生にそのご意思がおありであれば、私は高平小五郎公使に話をしてみますよ。高平さんも喜んで支持してくれると思います。先生のご協力を得て、日米友好のために尽力したいですね」

「やってみましょう。高平公使には水野さんから話を通していただくとして、私たちはシドモア女史に声をかけて、三人で話し合ってみませんか?」

高峰に同意する水野も、桜の話に引き込まれていく自分にクスッと笑うのだった。

翌四月八日、市内のレストランで水野、高峰、エリザが夕食をともにしていた。一週間前に発表されたタフト夫人のポトマック河畔美化計画から始まった話も、エリザと高峰が夢とする日本の桜植樹へと展開していくのは自然のなりゆきだった。

「美化計画の発表があった直後、私はタフト夫人に桜の植樹を提案してみたんですよ」。エリザが手紙の話を披露した。

それを聞いて、高峰が身を乗り出した。「エリザさん、ファーストレディーが受け入れてくださるのであれば、私は千本の桜を寄贈したいのですが、どんなものでしょうか?」。

「それは素晴らしいご寄贈になると思いますわ。私からもタフト夫人にお伝えしてみましょう」

エリザも瞳を輝かして微笑んだ。

「先生のご厚意を高平公使に話してみましたら、公使も強い関心を示していました。そこで私自身の意見を申し上げると、アメリカ人による日本人への差別意識とボイコットが強まる中で、個人による寄贈よりも、日本の外交チャンネルを使った外交的寄贈の方が何かと効果的かと思いますがいかがでしょうか?」。水野は能吏の立場から実務的な意見を提案した。

ちょうど四年前にルーズベルト大統領の仲裁でポーツマス条約が締結された。その結果、日本はかろうじて戦勝国という体面を保つことができた。だが、当のアメリカは自らが求める中国・南満州鉄道への運営参加や権益分与の獲得を得られないままに終わっている。こんなことが影響してか、日露戦争が終結するまでは日本贔屓だったアメリカ政府との関係に大きな変化が見られるようになった。

加えて、ロシア全権大使ウイッテの巧みな報道利用が奏功したのであろう。ポーツマス会議以後、アメリカ人の日本人に対する感情は悪化し始めた。

市民生活においても看過できない問題が生じていた。一八六〇年末から始まるカリフォルニアへの日本人移民の激増に対してである。勤勉ではあるがアメリカ人社会に溶け込めない日本人が大量に出現すると、アメリカ人との間で仕事と雇用の問題をめぐって軋轢が生じたからだ。そのため、一九〇六（明治三十九）年になるとアメリカ人の排日感情が急激に悪化した。サンフランシスコを中心とする公立学校では、日本人学童を隔離しようという決議さえ上がった。決議は撤回されたものの、悪感情が排日運動へと転化し始めていたのである。

四月十二日、ヘレン・タフトの要請を受けて、エリザはホワイトハウスを訪問した。エリザの他にフィリピン人のレガルド女史が参加していた。ヘレンは、二人が揃うと、ポトマック河畔での市民音楽コンサート開催と河畔の公園整地計画について意見交換を求めた。

レガルドはマラカニアン宮殿のガーデン・パーティーでヘレンを補佐していた一人で、ヘレンのフィリピン時代からの友人であった。マニラでのレガルドの経験と手腕を評価するヘレンは、ポトマック公園におけるコンサートのアドバイザーとして招聘したのだった。

ヘレンが説明する。「マニラのルネタ公園で行われているような市民のための音楽会を定期的に開催したいと考えています。二日後には野外音楽堂が完成し、その一週間後に第一回目のコンサートが実施される予定です」

ヘレンは続けた。「イベント開催に適した環境整備をしたいのですが、桜はもちろんのこと、どのような公園造りをしたらよいとお考えでしょうか?」。

ヘレンは、公共土地・建築物管理庁長官コスビーに桜木の購入を命じたことも説明した。

「それで、何本ほどの桜を購入されるのでしょうか?」。エリザが質問をした。

「予算が百六ドルしかなく、約九十本の桜をオーダーしたと聞いています。苗木はペンシルバニア州ウエスト・チェスターにある『ホープス・ブラザー&トーマス園芸会社』に注文したそうで、四月内に届けられると聞いています」。ヘレンが答える。

「実は……」と言って、エリザが切り出した。

「数日前に、高峰譲吉博士と水野幸吉・日本総領事とお会いしました。お二人ともタフト大統領夫人の公園整地計画のニュースを聞き及んでおられ、特に高峰博士は、ファーストレディーが受け入れてくださるのであれば千本ほどの桜を寄贈したいと仰っていました」

「あのタカジアスターゼとアドレナリンの発見者である高峰博士なんですね。千本もの苗木を寄付してくだされば、ポトマック河畔に桜並木を造成することも可能ですわね。それは有難いことです。一度、お二人に直接お会いして相談をしてみたいと思います。差し支えなければ、あなたからお二人にご伝言頂けますかしら?」。満面に笑みを湛えてヘレンが答える。

続けてエリザはフェアチャイルドの紹介をした。「ポトマック河畔の桜植樹については、まだ協力者がいるんですのよ。農務省園芸局主任のデイビッド・フェアチャイルド博士です。この方も日本の桜の愛好者で、彼自身の実験農園に桜園を所有し、ポトマックのスピードウエイに桜を植えたいという夢を持っています。博士も大統領夫人がお望みであれば、桜を寄付してくださると言っております」。

ヘレンは「有難いことです」と答えただけで、具体的な話に発展するまでには至らなかった。


エリザはヘレン・タフトとの懇談がすむと、ニューヨークの高峰と水野に報告を入れた。高峰はエリザの仲介に感謝の言葉を繰り返し、「桜寄贈の話が具体的になったらいつでも言って下さい。発注の手続きを取るようにします」と約束するのだった。

水野も、大統領夫人が示したという桜への関心に喜んで答えた。

「大変光栄なお話を進めてくださり有難うございます。それでは、早速、ファーストレディーとの面会予約を取ってみます」

それから数日後、水野と高峰が一緒にワシントンDCを訪れるとホワイトハウスの門をくぐった。

タフト大統領夫人の歓迎の挨拶に応えて水野が尋ねた。

「桜の植樹が始まったようですね。作業ははかどっていますでしょうか?」

「順調に進んでいるようですわ。東京の荒川堤のまねができるといいのですが」

「私たちも、ファーストレディーのご計画に感銘を受けております。とりわけ、桜の移植に積極的な高峰博士は、千本ほどの桜木を献木してもよいと申しております。厚意をお受けいただけたら望外の喜びでございます」

「シドモア女史からも大筋は伺っていますが、本当にご協力をいただけるものなのでしょうか?」

ヘレンの質問に、今度は高峰が答える。

「もちろんです。私が懇意にしている日本人で、アメリカに敬意を持つ者が少なくありません。その人たちにも協力を仰ぐことができれば、より多くの桜木を寄贈することも可能でございます」

「日米親善の機会でもありますから、我が国政府の肝いりで、東京市からの公的な寄贈とすることもやぶさかではありません」。水野も援護をする。

「皆様のご協力に何と感謝したらよいのでしょうか。近い将来、ポトマック河畔が日本の桜で満開になる日を想うと気持ちが高ぶりますわね。そうなるよう、私も一生懸命に頑張ります」

共通の目的に意気投合した三人が固い握手を交わすと、高峰と水野は、国際親善への使命感に燃え立つ足取りでホワイトハウスを辞去した。一九〇九年の春、桜植樹の計画が具体的な形で第一歩を踏み出した。

6　桜植樹の推進

フェアチャイルドの桜活動

ケンジントンの「ウッド」で桜栽培に成功したフェアチャイルド夫妻は、日本桜の活着に自信を持つと、次第にワシントンDCでも桜の花を咲かせたいという思いをふくらませていった。そのためには、どんな活動を始めたらよいのかと思案していた。まだ漠然とした考えでしかなかったが、タフト大統領夫人のポトマック公園整地計画に向けての支援とは別に、広く一般市民に桜を奨励する方法を探しあぐねていた。

初夏を迎えたある日、フェアチャイルド夫妻は、モーリや農務省の友人チャールズ・マーラットら桜同好会のメンバーに呼びかけて、桜の植樹計画について相談した。

「この春の桜開花を見て、ワシントンDCの気候と土壌でも日本の桜は十分に活着することを確信できました。そこで、桜推進運動を始めてみたいと考えています。具体的にどのような方法を企画したらよいのか、皆様のお知恵を拝借したいと思うのですが」

フェアチャイルドの問いかけに、さまざまな珍案、奇案が出た。笑いとため息が渦巻き、和気藹々《わきあいあい》のうちに話が弾むなか、ある参加者が提案した。

「こんな案はどうでしょう？　ワシントンDCの小学校に呼びかけて課外授業を開き、生徒に桜の話をするのですよ。そして、子どもたちの手で学校の校庭に桜苗木を植樹してもらうのです」

「まず子どもたちに日本の桜とはどういうものかを話し、次に子どもたちから親や地域の人に運動の輪を広げていくという方法もありますね。それはよい案だと思いますよ」

全員の賛同を得られると、提案に沿って計画が練られた。

フェアチャイルド夫妻は計画案を実践した。九月になって、チェビーチェイス造園会社に枝垂れ桜《しだれざくら》を中心とする三百本の苗木を注文した。

注文の桜が送られてきた。フェアチャイルドとモーリは実験農園に苗木を植え付けると大事に育成した。そして、寒く長かった冬が明けるころ、フェアチャイルドはワシントン市内の小学校で園芸を指導する教師のスーザン・B・サイプを「ウッズ」に招待した。彼女はとても進歩的な考えの持ち主で、新しい試みを積極的に取り入れる教師として知られていた。フェアチャイルドは、前年の桜同好会による計画案をスーザンに相談した。

フェアチャイルドの熱心な話に興味をもったスーザンは次のように提案した。

「市内の小学校から一人ずつ代表を出してもらうことができたら、彼らをウッズに招待して、博士から桜の話を伺う機会を与えたらいかがでしょうか？　そして、児童に一本ずつ苗木を持ち帰らせるようにしたら効果的であると思いますが……」

「児童たちに持ち帰ってもらった苗木を彼らの学校の校庭に植えてもらうということですね」

「そのとおりです」

「でもどうやって各小学校に呼びかけて、誰が子どもたちを引率してくれるのでしょうか？」。フェアチャイルドが尋ねた。

「私たちの教員仲間に連絡を取って、小学校の校長に協力を呼びかけてみましょう。協力を得られた学校からは、その日、代表の教師によって児童を電車駅まで引率してもらい、チェビーチェイス行きの電車に乗せてもらいます。チェビーチェイス駅に集まった児童を私がウッズまで引率して参ります」

「でも、小学校がそんな簡単に子どもたちをウッズに送り出してくれるものでしょうか？」

フェアチャイルドはまだ納得しかねているようだった。

「博士もご存じのように、最近では積極的に全米植樹祭に参加する学校が増えています。ですから、この全米植樹祭にかけて、『ウッズで桜の苗木をいただく』といったイベントにするのです。各教員への呼びかけは私が行いますからお任せください」。スーザンは胸を張った。

小学校の代表児童たちが「ウッズ」にやって来る日を迎えた。朝から春の柔らかな陽射しが降り注ぐ暖かい日で、スーザン・サイプ先生に連れられた児童たちが特別使節団となったような気持ちでやってきた。起伏のある実験農園内を、児童たちは新芽が膨《ふく》らむナラの木の下を一列になって歩いた。足元には、スミレの花が枯葉の間から芽を出し始めていた。

フェアチャイルド夫妻とモーリは、若き訪問客を温かく迎えた。桜木の下に児童たちを誘うと、桜の種類と特性について説明し始めた。樹木を扱う基本として苗木の掘り方を身振り手振りを加えて実演した。それがすむと、子どもたち一人ひとりにスコップを渡し、学校に持ち帰る苗木を掘らせた。児童たちは真剣な眼差しで苗木の根をスコップで注意深く切り取ると、根鉢のえんが崩れないように麻の布で包み、その上から麻紐で縛りつけた。桜の苗木掘り取り作業という子どもたちにとっては初めての体験が完了した。子どもたちの顔には笑顔が溢れていた。

桜木を手にする児童たちを前にしてフェアチャイルドが話した。

「みなさんは日本の桜の特性と植樹の意義がわかりましたね。これから持ち帰る桜を、みなさんの学校の校庭に植樹していただきます。桜の花が咲くまでにみなさんは学校を卒業してしまうかもしれません。でも、みなさんが植えつけた桜は毎年大きくなり、とても美しい花を咲かせることでしょう。

桜はみなさんの今日の学習と作業の思い出として生長していきます。どうか大事に桜を育ててあげてくださいね」

「イエス　サー、大事に育てまーす」。子どもたちは瞳を輝かせ、声を合わせて元気に答えた。

子どもたちは、大切なものを抱えるかのように苗木を両手で持ち、馬車に乗った。馬車は「ウッズ」の人たちの見送りを受けて、鉄道会社からの特別電車が待ち受けるチェビーチェイス駅へと出発した。

一九一〇（明治四十三）年の「全米植樹祭」は、市内のフランクリン中学校を会場として開催されることになった。フェアチャイルドはゲストスピーカーとして招待を受けた。彼にとっては、公の場で桜について話すことも桜推進運動のひとつであった。日本の桜とその植樹の意義について話をすることにした。

当日、会場にはフランクリン中学校の教師と生徒をはじめ、教育委員会や地区の代表者など、多数の参加者が学校の集会ホールを埋めていた。フェアチャイルドは、聴衆に向けて桜の分布地域と日本の桜の文化的意義について語り始めた。桜の種類と花の説明に幻灯機を用いてたくさんの写真を紹介していく。日本で撮影した桜木の写真には百年以上もの老樹の写真があった。フェアチャイルド邸の「ウッズ」に植わる桜の写真もあれば、「ウッズ」を訪問した小学生代表団の写真まで紹介された。聴衆も幻灯機から映し出される桜を見ながらフェアチャイルドの話に耳を傾けた。続いてワシントン記念塔の西側に造成されたポトマック公園の写真である。それまでの緑豊かな木々や桜の花をつけた瑞々《みずみず》しい写真とは打って変わって、雑草と柳がまばらに植わるだけの殺風景なものがスクリーンに映しだされた。フェアチャイルドは荒涼とした風景を指さしながら話を締めくくる。

「まだ草木もない荒地のような公園ですが、スピードウエイに沿って日本の桜をたくさん植樹するべきだと思うのです。河畔に桜が咲くようになれば、市民を喜ばせてくれるだけでなく、ワシントンを美しい都市に変えることができると信じるからです」

フェアチャイルドが講演を終えると、聴衆は全員が立ち上がって万雷の拍手を送った。聴衆の中に植樹祭に参加するエリザ・シドモアの姿もあった。フェアチャイルドはエリザを壇上に招いて紹介した。

「ナショナル・ジオグラフィック・ソサエティーの理事を務めるこの方は、紀行作家であり、これまで何度も日本に滞在しています。日本の桜の美しさと、人々の桜に対する愛着を知る第一人者でもあります。シドモア女史にも一言、桜についてお話をしていただきましょう」

フェアチャイルドの紹介を受けて、エリザは自らの体験にもとづく日本の桜の話をした。そして、熱心に耳を傾ける子どもたちに呼びかけた。

「私も、フェアチャイルド博士と同じ夢を持っています。そしてこれまで二十年以上、ポトマック河畔に桜を植えたいと当局に陳情してきました。私たちの夢が実現するためには、あなた方の理解と支持も必要なのです」と。

翌日のワシントン・スター紙に「植樹祭の式典」という見出しの記事が掲載された。フェアチャイルドによる講義の紹介とともに、「いつの日か、ワシントンＤＣは桜の花が咲く美しい都市として有名になるでしょう」と結ばれていた。

新聞報道による効果なのだろう。市民の間でも日本の桜に対する関心が高まっていった。それからというもの、二人のもとに桜への質問や購入方法についての問い合わせが増えた。そればかりか、日米の外交政治とは裏腹にワシントンＤＣでは静かな桜ブームが広がり始めていたのである。

エリザの桜基金活動

植樹祭以後、エリザ・シドモアとデイビッド・フェアチャイルド夫妻が会えば、話題は決まって「桜植樹キャンペーン」と「スピードウエイの桜並木」であった。

その当時の「スピードウエイ」は、タイダル池を廻る道路だった。メイン通りとインディペンデンス通りの交わる地点から始まる道は、インディペンデンス通りを西に進み、池に沿って走るベイスン・ドライブへと続く。人が歩くことはめったにない道路であったから、車がスピードを気にすることなく走れる周遊道路でもあった。だが、そこは河川の汚泥を埋め立てて造られた道路である。日照

ポトマックのドライブウエイ

出所）アメリカ農務省資料館より

りのときは車が走ると砂埃が巻き上がった。雨が続いたり雪が降ったりするとぬかるみに車輪が食い込んでしまうような道であった。

まだまだ整備されぬ「スピードウエイ」とはいえ、エリザとフェアチャイルドには美しい桜並木の姿を想像することができた。ポトマック河とタイダル・ベイスンの河畔に並ぶ桜が、春になるとピンクの花を咲かせ、夏は緑の葉を茂らす並木道となる。そんな河畔散策を楽しむ市民の姿までが見えるようであった。

エリザは、先の全米植樹祭の後から、桜の苗木購入を図る募金活動を始めていた。ナショナル・ジオグラフィック・ソサエティーの会員や彼女自身と親交のある人たちから寄付金を集めた。寄付金は年間一ドルであり、毎年百本の桜木を市に寄贈するための基金集めを目標とした。計画が順調に行けば、五年で五百本、十年で千本の苗木をポトマック河畔に植樹できるのである。

そんなある日、エリザは桜の購入法について教えを乞うため、フェアチャイルドを訪ねた。

「私の募金活動は順調に進んでいまして、今のところ予想以上に寄付金が集まり始めているんですよ。そこで、ある程度の基金が貯まったら日本から桜を輸入したいと思い、あなたのお知恵を伺いに来ましたの」

「横浜の植木会社が一番いいのだけど、そうすると今年の春には間に合わないですね。むしろニュージャージーの種苗会社に注文したらいいですよ。さらに申し上げるならば、苗は小さなものにすべきです」

フェアチャイルドは専門的な意見も加えて助言した。だが、二十四年間温めている夢を一日でも早く実現させたいと願うエリザは、少しでも大きな苗木を熱望するのだった。

外交ルートによる支援

六月となったニューヨークの総領事室で、水野幸吉はホワイトハウスからの帰路、高峰譲吉と交わした時の話を思い浮かべていた。

あの時、博士は旧知の尾崎行雄に桜寄贈の協力を求めてみると言っていた。東京市からの寄贈にするのであれば、外務省からも東京市長宛てに公的要請をすることができるであろう。そう考えて水野は相槌を打ったのである。水野は提案の実行として、一九〇九（明治四十二）年六月二日、小村寿太郎外務大臣に宛てた公文書で、次のような趣旨を提言することにした。

「ワシントン市内の埋立地としてできたポトマック河畔公園の美化運動にあたり、タフト大統領夫人は首都にふさわしい公園を造りたいと希求しています。

それだけでなく、シドモア女史を筆頭にワシントンDCの紳士淑女らが集めた寄付金で日本から桜木を購入し、公園に植樹しようという計画を推進しています。私の考えを申し上げますと、この機会に我が国の首府である東京市長名義で桜の苗木を千本か二千本をワシントンDC宛てに寄贈し、ポトマック河畔に植樹したならば、数年後には第二の隅田川堤が出現することになりましょう。これは我が国のアメリカに対する友情の証になると考え、高平公使のご意見も伺いました。公使からも強い賛同を得ましたために、シドモア女史に私案として話してみました。もちろん、本国の承認を得たうえでの提案となりますが、計画通りにいけば、タフト夫人をはじめワシントンの当局者から喜んで受諾していただけるはずです。シドモア女史にタフト夫人の内意を伺ってほしいとお願いしたところ、彼女も大喜びで賛成してくれ、即日、タフト夫人に話を通してくださいました。タフト夫人は喜んで申し出を了承して下さったとのことです」

水野は公文書に次の点も書き添えた。桜木の輸送にあたり、シアトルに到着する桜は農務省の手配でワシントンDCまで陸送してくれること。桜の寄贈は早い時期を希望するとの意向であるが、桜木にとっての時期や両国の事務手続きなどの関係上、この年の晩秋以降になるであろうと回答したことを。さらに、「このような話し合いが進んでいるので、是非とも東京市長とご相談いただきたい。万が一費用の面で問題があるようなら、費用一切は当方で工面できます。その場合でも、寄贈者の名義は東京市長ということでお願いしたい。そして、桜寄贈の発表は高平公使からの書面をもって行うか、さもなくば、この年の秋に米国商業会議所連合団体の招待を受けて渡米する日本実業団の団長である渋沢栄一男爵から声明発表したらいかがかと思う」と支援の要請を繰り返した。水野がエリザから受け取った手紙の写しも公文書に添えられた。そこには、エリザが　タフト大統領夫人と桜寄贈について話し合っただけでなく、タフト夫人は水野総領事と高峰博士の協力に感謝していることと、ワシントンDCに向島を再現できる桜の贈り物に夫人自身も悦んでいることが書かれていた。

水野は、エリザ・シドモアを通して自らの私案をタフト夫人に届けるとともに、ワシントンDCの高平公使にも報告を入れた。だが、報告を受けた高平は当惑した。二人の間には、当該管轄権と外交上の権限をめぐってわずかな軋轢《あつれき》が生じたのである。

高平にしてみれば、四月の初め、ポトマック公園への桜の寄贈について水野から意見を求められた時に賛意は述べたが、正式な稟議《りんぎ》によって承認したものではないとの思いがあった。発端はシドモア女史とタフト夫人による私的な話し合いから始まったことであり、外交上の協議ではない。高平自身がタフト夫人に会見した際には、外交ルートによる桜寄贈に強い関心を示していなかったではないか。しかも、当件はニューヨークの総領事にとって管轄外となるワシントンDCの事項であり、もしかしたら国家間ベースの外交案件となり得るものだ。総領事が本省の承諾を得るのは筋違いというものであろう。高平としては、職務に照らしての意見であった。そして七月早々、高平は小村外務大臣に宛てて、「桜寄贈の件はノックス国務長官から正式な確認を取るまで待ってほしい」との電信文を打った。

高平は自らノックスを訪ね、「タフト大統領夫人の真意を確かめてほしい」と申し入れた。高平の求めに応じたノックスは、ファーストレディーと水野との話し合いを直接確認した。ノックスが夏期休暇を終えた七月十二日、「正式に日本からの寄贈を受ける」との回答を高平に伝達した。

翌十三日、高平は小村宛ての電信で、「桜寄贈は水野総領事からの進言通りで結構です」と送信した。但し、寄贈の決定についてはワシントンの大使館を通して米政府に通達するようにしてほしい、という条件をつけている。

高平から外務大臣宛てに送られた公文書の写しがニューヨークの水野のオフィスにも届けられた。写しを読む水野は自らの頬がこわばるのを感じた。

水野はこれまでの経緯を振り返った。何も自分は公使に僭越なまねをしようなどというのではない。今回のことはシドモアさんと高峰さんを含めて話し合った計画であり、そのことについては公使にも直接会ったうえで賛同を得たはずではないか。それなのに、公使の頭越しで外務大臣に桜寄贈の進言をしたことが越権行為だと言われるのは納得できない。大臣に進言したのも、ニューヨークの在留邦人が寄贈の費用を集めることを高峰さんから聞いたうえでのことである。公式発表については、交渉が正式に決まった後に、しかるべきルートより行われることになるはずだ。これが水野の言い分であった。

水野はタフト夫人を訪問した後の四月二十九日、大統領夫人に宛てて、「桜の寄贈についての正式な通達は追って日本国大使館から届くことになるはずです。そのうえで桜木が日本を出港するのは来冬のこととなりますので、ワシントンＤＣへの到着は来年の年明け以降になるものであることをご了承願いたく存じ上げます」と書き送っていた。

水野としては、あくまでも路線造りに徹しているのだ、という気持ちが強かった。高平の対応に納得しかねる水野は、ことの経緯を文書にして小村に訴えた。

それぞれから筋の通った親展書簡を受け取った小村もいささかうんざりした。確かに桜寄贈の話は個人から始まったことであり、これに関わる費用の準備もニューヨークの日本財界人から拠出されるというではないか。ホワイトハウスに寄贈する桜の発表も、水野が同行案内する日本実業団の渋沢団長から行われる可能性があるわけだから、ここは水野に任せてもいいのではないか。小村もそう考えるのだった。

当事者である高平と水野には肌合いの違いがあったことは否めない。岩手県一関藩出身の高平は謹厳実直で、どんなときにでも筋の通った仕事を実行する外交官であった。一方の水野は淡路島の洲本出身で、理論家肌でありながらも剛毅な性格、加えて「酔香《すいこう》」という俳号を持つ俳人という側面を持つ粋人であった。そんな性格の違いに加えて、十九歳もの年齢差を持つ二人のものごとの考え方と実践法に齟齬《そご》をきたしたのだった。

二人の肌違いによるわずかの葛藤はあったものの、桜寄贈の受け入れをノックスから正式に通達された高平は事態を前向きにとらえている。日米友好にとって歓迎すべきことであるのだから、難癖つける理由は何もないではないかと考えた。そして躊躇することなく、「水野による進言に差し支えなし」という電文を本省に打った。大儀の前に小意を捨てるという高平の律儀さによるものだった。高平自身も気づかなかったことであろうが、この判断があったからこそ、桜寄贈計画が日米間の正式な外交ルートで進められるようになったとも言えよう。

7　太平洋を渡る桜

意気に感じる尾崎行雄

一九〇九（明治四十二）年六月下旬、小村寿太郎は水野幸吉ニューヨーク総領事からの「桜寄贈進言書」を一考に価する提案として受け取った。すぐさま外務次官の石井菊次郎を大臣室に呼び寄せると、水野からの進言を検討するよう命じた。ワシントンDCの駐米公使・高平小五郎による確認電報を入手する三週間ほど前のことであった。

大臣の指示を受けた石井は、東京市長に宛てて「華盛頓《わしんとん》へ桜樹寄贈ノ件」という依頼書を送った。内容は、「ワシントンで、大統領夫人や親日家夫人たちによる桜植樹の計画があります。日米間の友情を示すこの上ない機会であると考えますので、東京市が代表して桜の寄贈を申し出たらいかがでしょうか。その上で、是非とも桜の購入、輸送方法、寄贈の時期や手続きなどを関係機関と協議していただきたい」というものであった。依頼書には水野からの進言書の写しが添えられていた。

七月二日、尾崎行雄は石井からの要望書を受け取った。文言を読む尾崎は一瞬驚いたものの、時節を読んだ石井の絶妙な依頼に思わず微笑んだ。早速、秘書と事務方を集めると要望書の内容について相談することにした。

「君らは石井次官からの依頼をどう思うかね？」

尾崎行雄

出所）憲政会館　尾崎行雄コーナー所蔵

「日米の絆を強化するためにはよいお考えだと思いますが……、でも市長の権限だけで依頼事項の承認はできませんし、なによりも参事会がどのように議決してくれますかね。それに、寄贈に要する経費はどこから工面するんでしょうか？　私には難しい問題のように思えます」。事務方は渋い顔をして答えた。

尾崎は、一八九八（明治三十一）年八月二十二日の共和演説事件により、隈板《わいはん》内閣の文相を辞任すると中央政界から下野した。この事件は、帝国教育会からの依頼を受けて演説した内容が、御用新聞と言われた東京日日新聞の記者に演説の言葉尻をとらえられて大きな政治問題に発展したものだった。

五年間の雌伏の時期を経て、一九〇三（明治三十六）年の東京市長選挙に立候補する。当選を果たした尾崎は市長に就任した。

尾崎自身は次のように考えていた。ワシは、日本が大国ロシアとの戦争で勝てるとは思ってもいなかった。それなのに勝利できたのは、西欧列強国からの同情を得たことと、外交交渉の成果ではなかったか。とりわけ、アメリカ企業からの支援提供と、ルーズベルトによる講和会議への仲裁があったからこそ戦勝国という勲章を得ることができたのだ。アメリカの好意に対して日本は外交上のお礼をしたのだろうか？　アメリカの恩義に報いるためにも、桜の寄贈はうってつけであると思うのだがと。

当時の市議会は「市参事会」と呼ばれる合議制の代理議決機関で、府知事、書記官、名誉職参事会員によって構成されていた。市長は何ら特別の職権も持たず、参事会の決議を行うだけの役割でしかなかった。職員の任免から物品の購入までことごとく参事会の職権であり、市長は参事会の委任によって諸事を執行するだけ。だから、東京市からの桜寄贈についての議決は参事会に諮らなければならず、すべては彼らの決定と指示に従うしかなかった。

尾崎は石井の示唆にもろ手を挙げて同意したかったが、まずは参事会の合議に諮ってもらわねばならない。そのためには参事会をどのように説得したらいいのか。桜の購入や運送費の調達をどのように提案したらいいのか。難しい問題を解決せねばならず、尾崎は黙考した。

桜寄贈の決定

外務省大臣室の小村のもとに、高平より七月十三日付の公文書が届いた。書簡には、タフト夫人と水野総領事との間で交わされた約束を確認できた、というノックス国務長官からの公式通知を知らせるとともに、桜寄贈を日米間の親善事業として推進して欲しいという要請であった。

小村はすぐさま桜寄贈の協力を裁可した。その決定が石井を通じて萩原守一通商局長に伝えられると、萩原は七月十六日、東京市に「桜の寄贈方促進の申し入れ」を通達した。外務省からの正式要請を受けた東京市と尾崎は、桜の購入と発送に関わる調査を独自に開始した。東京市参事会に提出する議案作りにも取り掛かった。尾崎には、世話になったアメリカへの謝意を具体的な形で伝えたい、という強い思いがあったからだ。

通達から一ヵ月が過ぎたが、まだ東京市からの正式な回答が萩原のもとに届かなかった。萩原は苛立ちを覚えていた。ちょうど一ヵ月目にあたる八月十六日、二度目の督促を送ることにした。

外務省からの督促を受けた東京市は少し慌てた。参事会に諮るための資料を収集していた尾崎は、早急に内部会議を行った。そして八月二十日、市長名書簡により、「近日中に桜寄贈の議案が市参事会で審議されることになっています。決まり次第、直ちに報告いたします」と外務次官に回答した。

東京市参事会が開催されたのは五日後の八月二十五日であった。会議では、「ワシントンへの桜樹寄贈の件」が審議された。賛否の意見が飛び交った末、案件は「第三八六〇号議決」として決議された。決議文は、「新大統領タフト夫人およびその他の貴婦人が希望するポトマック河畔に我が国の桜を植樹するという計画に対し、同市の美観に寄与するだけでなく両国の親交を推進する上でよい機会だと提案する外務次官の要請に基づき、本市はこれに賛成し、花桜二千本を準備することに決定する」と決議された。明けて二十六日、東京市長名による決議文が外務次官の石井に手渡された。

東京市からの正式回答を手にした石井はホッと胸をなでおろす。すぐに駐米大使館に宛て、「東京市は、ワシントン市に対する友情の証として、日本の桜苗木二千本を寄贈することを決定す」との公電を打った。

外務省からの通達を受けたのは、高平小五郎公使の後任の松井慶四郎臨時大使であった。松井はすぐに、東京市の意向を国務次官のアルベイ・A・アディーに通達した。

石井は東京市長にも返礼の手紙を書くと次の点を伝達した。市の桜寄贈受諾決議は駐米日本大使館を通してアメリカ政府に通達したこと。寄贈趣意書は東京市からアメリカ政府に送ること。そして海上輸送にかかる費用については、日本郵船会社の近藤廉平社長に特別の運賃割引を依頼していることであった。

この当時の日本の財政は非常に苦しい状況下にあった。四年前の日露戦争では勝利を得たものの、ロシアから賠償金を受け取ることができなかったからだ。戦争のために発行した戦時国債の償還ができず、そのため、官民ともに重石を背負うような財政状況にあった。

ワシントンＤＣへの桜寄贈を東京市に肩代わりしてもらおうとする外務省でも、市の財政を気にしないではいられなかった。苗木の購入費のほかに、アメリカへの輸送費がかかるのである。そこで外務省は、通商局を窓口として日本郵船と交渉を始めた。船舶の運賃割引を依頼するためであった。交渉は好意的に進んでいった。話が煮詰まったところで、石井外務次官が最後の詰めにあたった。日本郵船の近藤社長に頭を下げて、日米の友好のために特別の配慮を要請したのだった。

近藤は重役たちを会議室に招集すると緊急会議を開く。

「皆さんにお集まりいただいたのは他でもありませんが、東京市がワシントンＤＣに寄贈する桜の輸送に関するご意見を伺いたいからです」

会議の議題について説明をする近藤に、重役の一人が詳しいいきさつを求める。

「現在のような財政状況下にあって、東京市は桜木を寄贈するのですか？　どこからそんなに景気のよい話が生まれたんでしょうか？」

「なんでも、エリザ・シドモアさんという親日家の紀行作家とタフト新大統領夫人のご希望で、ポトマック公園に桜並木を植栽する計画があるということです。そんな話を入手した駐米公使と総領事が、外務省に宛てて桜寄贈を後押ししてほしいとの進言を行ったようです。そこで、外務省は東京市を指名して、東京市からワシントンＤＣへの寄贈を実施することになりました。この財政困難なときにもかかわらず、東京市は日米友好のために一肌脱ごうと決意して参事会の承認を取り付けたと聞いています。外務省としても東京市の好意に力を貸そう、ということで、運賃の割引を依頼してきたのです」

別の者が問う。「外務省からの問い合わせがあったということですが、それは、いつ、どこの局からの依頼でしたか？」

「確か七月の半ば過ぎに通商局の萩原局長から問い合わせが入りました。次に八月に入って、石井外務次官から私のほうに直々のお電話がありました」

また一人が質問する。「我が社の協力は日米関係においていかなる貢献ができるものとなるのでしょうか？」

近藤が答える。「現在、カリフォルニア州を中心として起きている日本人排斥運動を鎮静化させるためにもよい方法だと思います。日米がぎくしゃくとしていると、我が社の仕事にもよい結果をもたらしませんからね」

間もなく一人が代表して提案した。

「現在の日米関係をよいものにさせるためには、我が社でもでき得る限りの協力をするべきだと思います。割引料金については半分がよいか、それとも半分以上の協力をするかは社長にご一任するこ

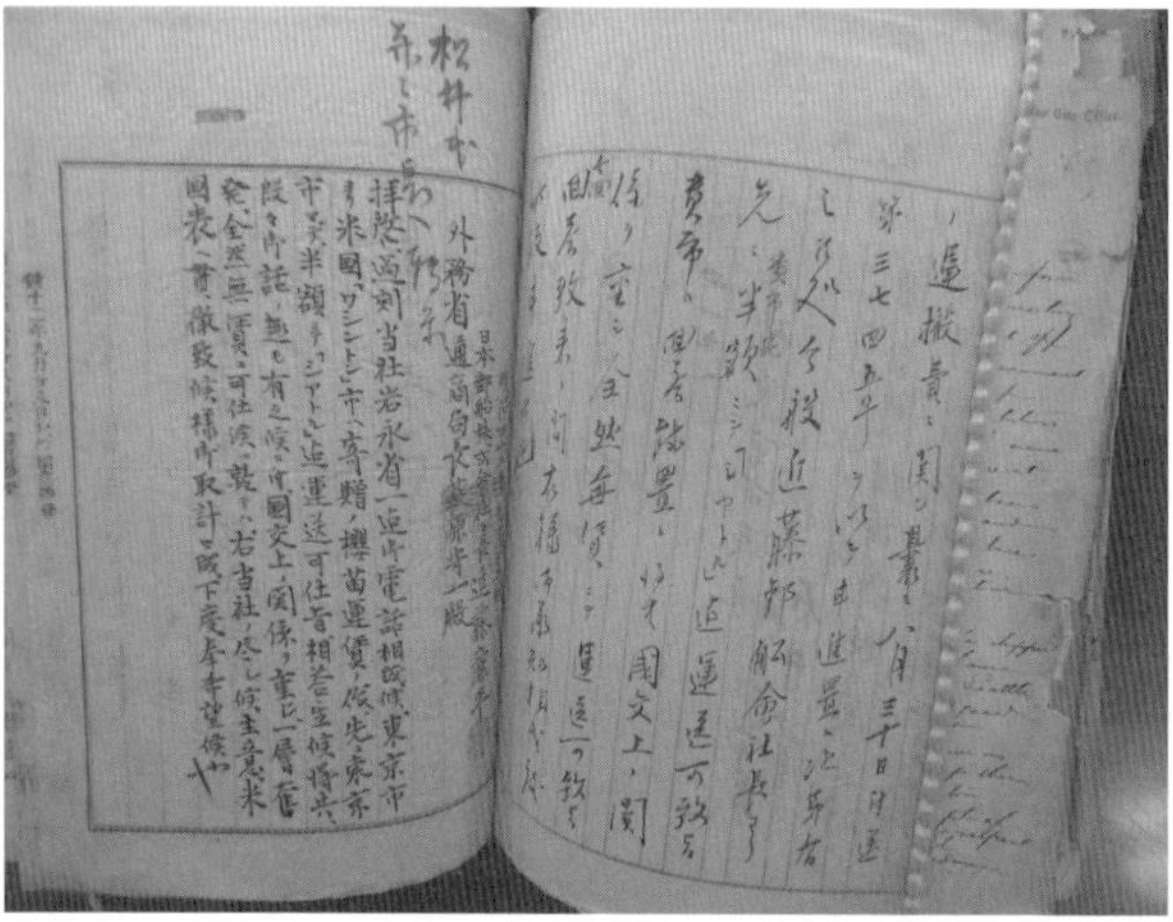

近藤廉平の桜運搬費無料の書簡

出所）外務省外交史料館

とにいたします。我が社一同、社長のご決断に従いますのでどうぞご安心ください。これは私一人の考えではなく、ここに集まる皆の総意であるとお受け取り頂けますようお願い致します」

彼らの誰もが、微笑を浮かべて頷《うなず》いていた。

近藤は社長室に戻ると溜息をついた。近藤の偽らぬ気持ちは、「重役たちが輸送費を決めてくれたのであれば、私はそれを了承するだけですんだのに」であった。だが、自分で運賃を決めなければならない。いくらにしたらよいものかと悩んだ。近藤は社長室から横浜の町並みを眺めながら考えた。

「日本とアメリカは仲良くやっていかなければならない。両国の友情を強化させるために日本の桜を寄贈するとは称賛すべきことではないか。そんな平和外交に参加できるのは日本郵船の誇りにもなるはずだ。思い切って、我が社の船を提供して差し上げたらいかがなものか」

この当時、渋沢栄一につぐ財界の実力者の一人として知られていた近藤ならではの決断であった。

近藤は外務省通商局長の萩原に対して次のように回答する。

「日米友好のための気高い事業に感銘いたしました。我が国の外交努力に協力して、桜の運搬を無償で引き受けさせていただきます。ただひとつ条件を申し上げると、我が社の趣意をアメリカ政府にお伝えしていただきたく、その旨、よろしくお願い申し上げます」

次に、近藤は港湾担当部の指揮系統を通して、日本郵船横浜支店の永井久一郎（永井荷風の実父）支店長に協力事業の担当を命じた。

日本郵船からの厚意ある申し入れを受けた外務省が喜んだことは言うまでもないことだった。

「ワシントンへの桜樹寄贈の件」が決議された八月二十五日、東京市は桜苗木の購入を赤坂溜池の東京興農園に委託した。東京興農園主は渡瀬寅次郎という農学士で、市参事会の会員でもあった。

東京興農園との契約は九月四日に交わされた。覚書には、「桜樹二千本の代金八百四十二円、荷造費二百四十円、納付期限は十一月二十四日、引渡し場所は横浜駅構内」と明記された。桜二千本の内訳は、吉野桜六百本、里桜系の都、南殿《なでん》、紅普賢《べにふげん》、朝日牡丹、大提灯がそれぞれ二百本ずつ、御車還《みくるまがえし》、長州緋桜《ちょうしゅうひざくら》、曙《あけぼの》が百本ずつ。値段は吉野桜が四十銭で里桜は四十三銭という単価であった。

桜の出港予定日も十一月二十四日に決まった。日本郵船社長の近藤は九月二十一日付で尾崎に手紙を書いた。「シアトルまでの船賃を半額で提供しようと考えていましたが、日米の国交関係こそ大事なものと考えます。よって、全額無料で桜木の運搬を引き受けることにいたします。このことは既に外務省通商局長宛にもお伝え致しております」と。

桜の出港

東京興農園では桜木の品揃えに多少の問題があったものの、苗木の発送準備はちゃくちゃくと進められていった。桜の出港が計画通りにいきそうだとの報告を受けた尾崎は、十月十三日に公共土地・建物管理庁長官のコスビー陸軍大佐に親展書を書き送った。書簡において、桜苗木を運ぶ船名と横浜港出港とシアトル港到着予定日を通知するとともに、「東京市よりワシントンDCに向けて二千本の桜寄贈が決まったことはこの上ない慶びであり、また個人的にも光栄なことである」ことを強調した。

尾崎がコスビーに直接手紙を書いたのは、駐米臨時大使松井からの情報と示唆にもとづくものだった。その松井はワシントン着任後に、アルバー・A・アディー国務次官から次の点を教えられていたからだ。

「ワシントンDCはコロンビア特別区と呼ばれる政治都市であって、市政は連邦政府の委員会によって運営されています。公共の土地や建物はアメリカ政府が直轄する権限を持っているために、その管理権は陸軍省の管轄下に置かれています。そのために、ワシントンＤＣの公共地に贈られる樹木であっても陸軍省公共土地・建造物管理庁の許可を得なければなりません。桜寄贈に関する今後の折衝や事務手続きに関しては、長官のスペンサー・コスビー大佐と連絡を取るように願います」と。

コスビーは尾崎から寄贈桜についての手紙を受け取ると、すぐさまタフト夫人に報告した。そして、自らは桜受け入れの準備に取り掛かった。シアトル港で荷を受け取る担当官と桜を運搬する軍用貨車の確保である。ところが、桜を受け取る代理担当官の確保が難しいだけでなく、冬のロッキー越えに対応できる温度調整付の貨車を所有していないことがわかった。最善策を検討するコスビーは農務省園芸局専門官のフェアチャイルドに電話を入れた。

「デイビッド、東京市がワシントンＤＣに向けて二千本の桜を送ってくれるのだが、シアトルでの荷の受け取り官とワシントンまでの運搬車がなくて困っているんだ。農務省の協力で何とかならないものだろうか？」

「コスビー長官、輸入担当官と運搬車については了解いたしました。農務省には植物用の特別貨車がありますので、それを回してもらうようにいたしましょう」

フェアチャイルドは喜んで協力することを約束した。

普段は冷静なフェアチャイルドであったが、二千本もの桜が贈られてくることに大喜びした。だが、昂ぶる気持ちの奥で一抹の危惧を覚えるのも否めなかった。コスビーによる情報では、寄贈される桜は幼木というには余りにも大きすぎるようだったからだ。大きくなった木々の植樹には何かと困難がつきものだからであった。

十一月二十四日の横浜駅構内はいつになく慌しかった。東京興農園から納入された二千本の桜苗木の受け渡しが行われていたからだ。東京市から井下清と中村俊輔という職員が出荷立会検査に派遣されて来た。二百個を数える梱包を前にして、二人の検査員は桜苗木が梱包された二百個もの荷を、納品書を手にひとつひとつ丁寧に数えながら東京興農園の社員に質問した。

「これらの苗木は全て害虫消毒が完了していますよね?」

社員は一瞬困ったような表情をしながら小さな声で答えた。

「全ての苗木に対する消毒作業はできませんでした」

「どうして消毒作業を完了されなかったんでしょうか?」

「ハイ、まずは消毒をする作業員の数が足りなかったこともありますが、なによりも期日までに納品を間に合わせることを最優先したためです」

彼は申し訳なさそうな表情で答えた。

市の職員も、この期に及んで消毒作業が完了していないことをあげつらえてもどうにもならないことを知っていた。だから、気休めとはわかっていても意味のない無駄な質問をしたのだった。心中では、今知り得た事実を報告すべきか否かを思いあぐねていた。

「でも、桜は大丈夫なんでしょうな？　健康な苗木としてワシントンＤＣに到着するんでしょうね？」

「ええ、もちろんです。問題なくワシントンＤＣに到着し、間違いなく現地でも活着します」

職員は本当に大丈夫なんだろうか、と疑問に思ったものの、今更どうにもならない時間の制約を考えるとそれ以上の追及もできず、不本意ながらも納品検査を認めるしかなかった。そして、全ての梱包荷を日本郵船横浜支店長の永井に引き渡したのだった。

総重量五十トンにもなる二百個の梱包荷が、日本郵船から提供された「加賀丸」に積み込まれた。横浜港の頭上には厚い雲が覆い、海面はにぶい鉛色をしていた。晴れていれば港を照らす太陽が西に傾きはじめる遅い午後であった。

「ボー、ボ、ボー」。突如、加賀丸の汽笛が曇天の空に鳴り響いた。船尾から白波を勢いよく立てて、船はゆっくりと岸壁を離れた。『日米親善の夢と希望』を載せた二千本の桜はシアトルに向けて出航した。

8 裏切られた期待

桜の大陸横断

一九〇九（明治四十二）年十二月十日、「加賀丸」は波静かなアドミラリイ入江をシアトル港に舳を向けていた。進行方向の彼方には、雪を頂くレーニア山が見えた。この日の午後、十七日間の航行を終えた「加賀丸」が静かにシアトル港に錨を下ろした。

埠頭には「加賀丸」の着岸を見守る三人の紳士がたたずんでいる。ソフト帽をかぶり外套に身を包《くる》んだ紳士は米国農務省からの職員たちである。桜の受け取りに来た職員のうちの一人はフェアチャイルド、彼の横に立つのは農務省の輸入植物課と外来植物輸入課担当官であった。船の入港後に始まる桜木の荷揚げ作業と荷受け手続きに立会うためである。

「加賀丸」がシアトル港に停泊すると、港の税関事務員は陸軍省内のコスビー大佐に電報を打ち、日本からの桜が無事に到着したことを報告した。

電報を受け取ったコスビーは、ホワイトハウスのタフト大統領に電話を入れた。電話の向こうで桜の到着を喜ぶ大統領の顔が浮かんで見えた。コスビーは続けた。「大統領、ファーストレディーのご病状はいかがでしょうか？　日本からの桜がシアトルに到着しましたので、年明け早々にもワシントンＤＣに届くことをお伝え下さい。ファーストレディーもこのニュースをお聞きになられたら、きっとお元気になられることと思います」

「ありがとう。ネリーも喜ぶはずだ。そしてますますリハビリに励んでくれるだろう」

大統領への電話報告をすませたコスビーはペンと便箋を取り出し、尾崎東京市長への感謝状を認《したた》めはじめた。「桜の寄贈に対するアメリカ政府の感謝を、東京市と市長に捧げます。桜木の大部分はポトマック公園に植樹されますが、何本かは市内の公園地にも植える計画となっています。これらの桜は、東京市からワシントンＤＣへの友情の証として永久に語り継がれることになるでしょう」というものであった。

三日後の十二月十三日、コスビーはワシントンＤＣ特別区委員会のヘンリー・マックファーランド委員長にも日本からの桜木がシアトルに到着したことを知らせた。その書簡には、前年十月十三日付で尾崎から送られた桜木寄贈通知文書のコピーも添えられていた。マックファーランドも、翌十四日に尾崎宛てに感謝状を書いた。

桜木のワシントン到着

出所）アメリカ農務省資料館より

税関から引き渡された全ての梱包は、港構内に停車する農務省特別貨車に積み込まれた。作業が完了したクリスマス・イヴの十二月二十四日、特別貨車はワシントンDCに向けてシアトル港を出発した。

特別貨車というのは車内を一定の温度に保ち、植物を傷めないようにする運搬用貨車である。桜の到着は冬場であり、途中、雪のロッキー越えをしなければならない。しかも、ワシントンDCまでの旅程は十日ほどかかる。その間の桜の根の乾燥防止のために灌水《かんすい》も欠かせない。全ての準備が整うと、特別貨車は蒸気を力強く噴き出して、アメリカ大陸横断の旅に向けて静かに動き出した。

貨車はロッキー越えで吹雪に見舞われた。シカゴ付近では大寒波の影響も受けた。途中、何度か立ち往生をしながらも、貨車がワシントンDCに到着したのは年が改まった一九一〇（明治四十三）年一月六日であった。

ワシントンDCは雪こそまだ降っていなかったが、この日は朝からの曇り空で、余計に寒さが身にしみた。前日、鉄道局の通信員から特別貨車の到着について連絡を受けていたコスビーは、数名の部下を連れてユニオン駅に出向いた。農務省園芸局からも局長を含む何人かの職員が駅で貨車の到着を待った。新聞社の報道記者が、インタビューを求めて彼らの間を忙しそうに動き回っていた。贈り物の到着を待つ誰もが、上機嫌に会話を弾ませていた。特別貨車が駅のホームに入線した。誰もが拍手をし、軍人たちは賓客を迎えるかの様に敬礼をして貨車を迎えた。

ユニオン駅に到着した桜木の梱包は、農務省外来植物輸入課が準備した荷馬車に積み込まれ、ワシントン記念塔の近くに広がる農務省園芸場に向けて出発した。何台もの荷馬車が列をなして、鼻から真っ白い息を吐き出す馬にひかれながら、園芸場まで三キロメートルほどの道のりを進んでいった。

桜の検疫検査

翌七日も人の吐く息が白く見える寒い朝であった。農務省による桜木の検疫検査のために、関係者たちが農務省園芸場の温室前に集まった。気温がいくらか上昇してきた朝の九時、昆虫局のハワード局長とマーラット博士、園芸局からはウッド局長代理とフェアチャイルド博士らが一緒にやってきた。

ハワード局長が先に来ていた専門官たちを集めて訓令をする。

桜苗木の検疫作業(1)

出所) アメリカ農務省資料館より

「みなさん、ご苦労さん。これから二千本の苗木の検査を開始します。通常であれば、植物が港に荷揚げされる時に検疫を行うのですが、ここにある桜は日本から特別に贈られたものであり、シアトル港で検疫を受けていません。害虫に蝕まれていないか、病気の苗木がないかをしっかりと検査して下さい」

どの職員もやる気をみなぎらせて梱包荷を取り囲んだ。感嘆と賞賛の言葉が飛び交う中で、桜の大梱包が紐解かれていった。桜の愛好家を自任するマーラットとフェアチャイルドは、クリスマス・ギフトの包みを開く時のようにわくわくした気持ちで見守った。

ひとつの梱包には十本の苗木が束ねられていた。専門官たちは苗木を包みから取り出すと、苗木の枝先、幹、そして根元を検査し始めた。一人の専門官が二本目の桜を調べている時だった。幹の中ほどの

桜苗木の検疫作業(2)

出所）アメリカ農務省資料館より

ところに小さな傷口を見つけた。注意深く見ると、中に小さな幼虫が身を丸めていた。害虫である。

隣で検査をしている者もため息をついた。

「そっちの苗木もやられているのか？」

「枝の付け根のあっちこっちに赤茶色をした顆粒状のツブツブがついているんだ。どうもカイガラムシのようだ」

二人は他の専門官たちの様子を見回した。何人かの者が困惑した様子で何かを呟いている。

「きっと不健康な苗木が相当混じっているんだ！」

専門官は虫の宿った苗木を持ってハワードのところに走った。それまで上機嫌で笑い声を上げていたハワードだったが、害虫の報告を受けて渋い顔をした。フェアチャイルドは「まさか！」という思いで息を呑んだ。

ハワードが全員を呼び集めると、緊急指示を発する。

「どうも苗木に害虫が寄生しているらしい。抽出検査ではなく、全ての桜を丁寧に検査してみてくれ」

持ち場に戻った検査官たちは、次々と苗木の梱包を開いていった。枝や幹は問題なくても、根の部分に害虫が寄生し、繁殖しているものも少なくない。ほんの少し前までは陽気な雰囲気であったのが、曇天の雲が頭上を覆った時のような、暗くどんよりとした渋いものに変わってしまった。

フェアチャイルドには、苗木を一見した時の印象の悪さがフラッシュバックした。到着した苗木が大きすぎたのだ。しかもそれだけでなく、苗木の大きさに較べて根の部分が貧弱なくらいに小さかった。それでも、その時は、「不健全な苗木が混じっていたんだろう。何でも完全ということはないのだから」と楽観的に考えたのだった。

笑い声も鼻歌もないまま、一週間にわたる検査が終わった。虫害に侵されていない何本かの苗木が見つかったものの、残りの全てが何らかの害虫に蝕《むしば》まれていた。マーラットは失意のうちに検査報告書をまとめなければならなかった。日本の好意とタフト大統領やファーストレディーの落胆を考えると、ますます気持ちが沈んだ。

報告書は次のように書き上げられた。「検査官たちが一週間をかけて検疫検査をした結果、次のような事実が判明しました。多くの桜の幹や枝にはカイガラムシやコスカシバなど、全部で六種の害虫が寄生していました。またクラウンゴールやネマトーダなどの細菌が根に付着している物も少なくありませんでした。これらのものは、未だアメリカには見られない害虫であります」

一月十九日、マーラットの報告書は農務長官のジェイムズ・ウイルソンに提出された。報告書に目を通したウイルソンは、昆虫局と園芸局の長官をはじめ両局の専門官を集めて、苗木の処置を協議することにした。それぞれの意見とアドバイスが出されたものの、あまりにも大量の害虫、細菌を消毒殺菌する方法がない、という意見が大勢を占めた。協議の末、アメリカ国内の樹木に厄介な害虫や病気が及ばないように桜を焼却処分に処せねばならない、という結論に至った。ウイルソンもこれに同意をするほかはなかった。

報告書の提出に先立ち、マーラットはフェアチャイルドとエリザに検疫検査の結果を伝えた。フェアチャイルドには予測できたことであったが、エリザの落胆ぶりは大きかった。マーラットの結果報告に、しばし言葉もでなかった。フェアチャイルドが二人を慰めるかのように話した。

「まさかこんな結果になろうとは思いもよらなかったですね。でも、害虫や細菌に蝕まれていなかったとしても、ほとんどの桜が枯死する運命にあったと思いますよ。もしかしたら、二千本全ての苗木が駄目になったかも知れません」

エリザが驚いたような顔でフェアチャイルドに聞き返す。

「どうしてそのような予測ができるんですか？」

「なぜかというと、あれだけ大きくなった苗木に対して十分な根っこがないんですよ。木の成長を助けるのに十分な水分と養分の吸収機能が不良だからです。残念だけど、なかった夢として諦めるしかありません」

三人ともため息をついてうつむくだけであった。

農務長官から検疫検査の結果を知らされたコスビーも天を仰いだ。桜の到着を楽しみにしていた大統領夫妻に何と言って報告したらいいのか。ファーストレディーの落胆を思うと胸が痛んだ。コスビーからの報告を受けたタフト大統領も思いは同じだった。

「そうか、焼却処分以外の救済方法はないと言うんだね。だが、外交上の儀礼もあることだし、私に少し考える時間をくれ給え」。そう言って電話を切った。

大統領は居室で静養をするヘレンのところに足を運んだ。ロッキングチェアーに身を揺らせながら、雑誌を読んでいるヘレンに近づくと、大きくため息をついて言葉をかけた。

「ネリー、気分はどうだい？」

「あら、ウイル、急に部屋に戻ったりしてどうしたの？」

不思議そうな顔をして問い返した。

「実は……、ちょっと問題が発生してね……。君にも知らせておこうと思ったんだ」

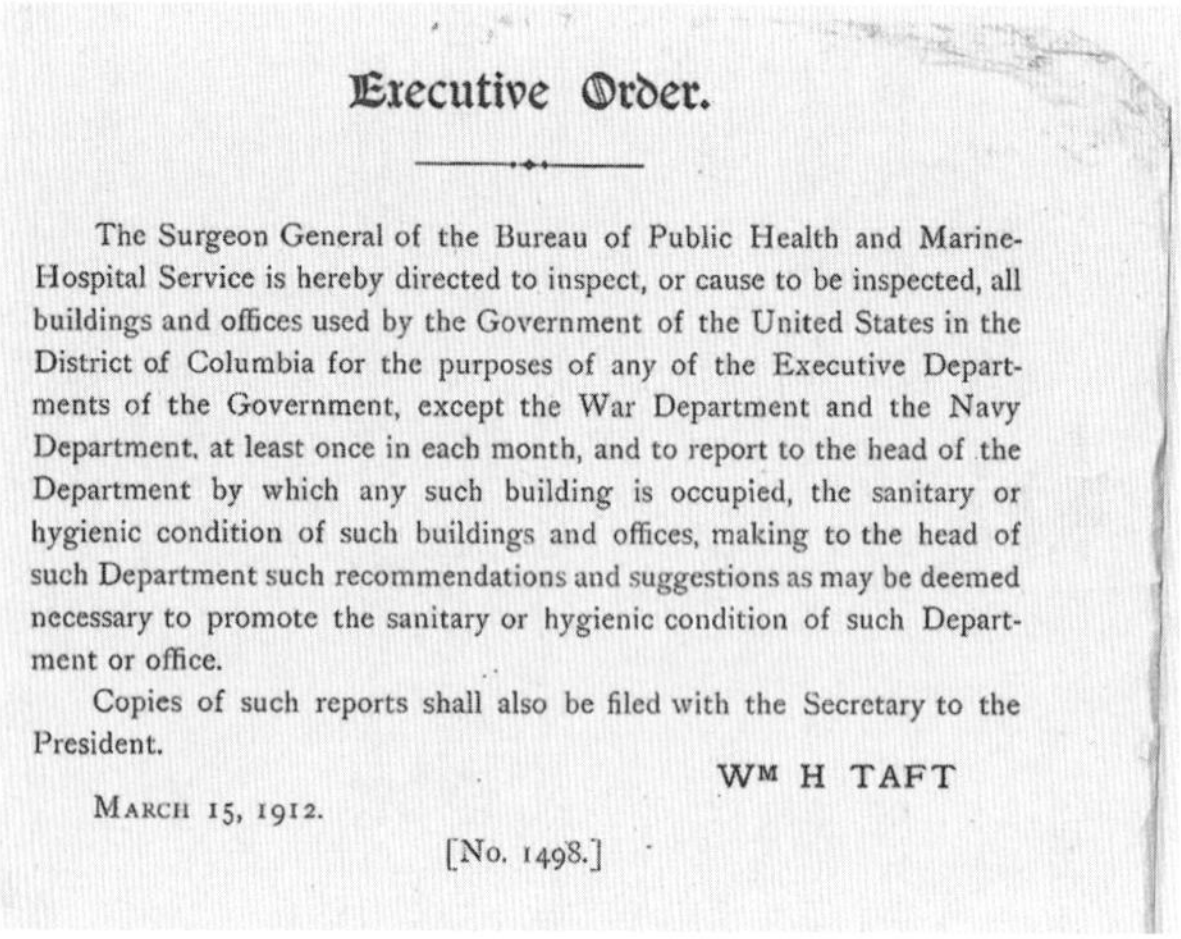

Executive Order.

The Surgeon General of the Bureau of Public Health and Marine-Hospital Service is hereby directed to inspect, or cause to be inspected, all buildings and offices used by the Government of the United States in the District of Columbia for the purposes of any of the Executive Departments of the Government, except the War Department and the Navy Department, at least once in each month, and to report to the head of the Department by which any such building is occupied, the sanitary or hygienic condition of such buildings and offices, making to the head of such Department such recommendations and suggestions as may be deemed necessary to promote the sanitary or hygienic condition of such Department or office.

Copies of such reports shall also be filed with the Secretary to the President.

Wᴹ H TAFT

March 15, 1912.

[No. 1498.]

桜焼却処分の大統領令

出所）アメリカ農務省資料館より

「何か政治的な問題が生じたんですか？」。ヘレンも顔を曇らせて尋ねた。

「厳密には政治的な問題ではないけど……、やはり政治的なことかな」

「一体何があったんですか？　はっきりと教えて下さいな。私の意見でよければ、差し上げますよ」。ヘレンは少し苛立ちはじめた。

「ウン、是非とも君の意見を聞きたいんだ。だけど、問題をあまり大げさに考えないでおくれよ。君の身体によくないからね」

大統領は再びため息をついて話し出した。

「実は、日本から届いた桜の苗木に病気と害虫が見つかったんだ。それもほとんどの桜がやられていて、しかも駆除が困難だそうだ。アメリカの植物に害が及ばないように焼却処分をするよう、農務省から提言があったんだ」

1910年桜苗木の焼却

出所）アメリカ議会図書館より

ヘレンも寝耳に水とばかりに驚いた。一瞬、頭を抱えて考え込んだが、すぐに大統領を見て答えた。

「そうでしたか。それは関係者の皆さんも落胆したことでしょうね。だけど、くよくよしたってどうにもなるものではないじゃないですか。農務省の結論に従いましょう。ウイルは東京市に事情を説明する内容をよく考えなさいな。東京市でも失望するでしょうから、面子を傷つけないような伝達とすることに気をつけて下さいよ」

気丈なヘレンの頼りになる言葉であった。

ホワイトハウスではタフト大統領を中心に桜の処理について善後策が講じられた。国務省の担当官とヘレン・タフト大統領夫人も話し合いに同席した。大統領はコスビー長官に対して、尾崎市長へ陳謝の手紙を書くことを指示した。国務省の担当官には駐日アメリカ領事館宛ての訓令を命じた。日本政府に注意と慎重を促すメッセージで、訓令の内容は次のような趣旨であった。

「日米の学者が共に研究して、今後こういうことがないようにしっかりとした体制ができるまで、日本側が再度このような試みをしないように働きかけよ、またニューヨークに桜を持ち込もうとしている高峰博士にも事の顛末を知らせ、同じことが起こらないようにすべきである」と。

日本からの害虫が侵入することで、アメリカ人の反発が起こることを懸念したのである。同時に、日本の善意を大切にしたいという配慮でもあった。一月二十八日、タフトは日本の善意に感謝しつつも、桜木の焼却処分に同意のサインをしたのだった。

日米双方の落胆

ワシントンDCで寄贈桜の検疫検査が続けられているころ、尾崎行雄のもとに二通の礼状が届いた。十二月十日付のコスビー長官からの感謝状と、十二月十四日付のワシントンDC評議委員会会長ヘンリー・マックファーランドからのものだった。いずれも、「ワシントン市のために日本の桜二千本を贈って下さった東京市の温情に心から感謝申し上げます」と、誠意のこめられた書簡であった。

ワシントンDCが桜の寄贈をどんなに喜んでいるかを示す証であった。尾崎はもとより、参事会委員たちも喜んだ。市庁の職員までもが胸を張って誇れる思いであった。

桜寄贈の興奮が冷めやまぬ一月二十九日。尾崎のもとに別の外交書簡が届けられた。駐日大使トーマス・J・オブライエンからの通知だった。尾崎は桜到着の礼状かしらと思いつつ封を開いた。だが、通知書を読む尾崎の顔色が変わった。「拝啓、市長閣下」として始まる文書は、次のような報告だったからだ。

「今しがた、私のところに届いた国務省長官からの連絡によりますと、東京市が寄贈して下さった桜の全てを焼却せざるを得なくなったということです。なぜならば、農務省の複数の専門家による検疫検査で、苗木の根は『ゴール虫』の他、菌状病害や害虫に侵されていることが検出されたからです。これら病虫害のあるものは、これまでのところ未だアメリカでは知られていない種類のものだそうです。このたびの桜の受け入れが、他の多くの樹木類及び農産物に大損害を及ぼす恐れがあると危虞されています。

私は、アメリカ政府とワシントンDCの行政機関が今回の思いもよらぬ事態に何ら手の施しようもなかったことを大変遺憾に存じます。とりわけ、桜の花に多大な期待をかけていましたタフト大統領夫妻には、非常に落胆されたことをお伝えいたします。私は、日本の桜樹が同様な病害に侵されているものだと申し上げるのではなく、輸出途上における結果であるのではないかと考えている次第です」

書簡を読む尾崎は、頭をガンと殴りつけられたようなショックを覚えた。

尾崎は取るものもとらず外務省に駆けつけた。外務次官の石井菊次郎に面会すると、駐日大使オブライエンからの通達を報告した。既に事態の結果を知る石井が言った。

「尾崎市長、大変な結果となってしまいましたね。私たちも、ワシントンＤＣの内田康哉大使から緊急連絡を受け取りました。何でもアメリカ時間の昨日、ノックス国務長官から内田大使に、陳謝とともに事の詳細が伝えられたということです」

「そうでしたか。かえすがえすも残念な結果となってしまいました。でも、私個人の考えとしては、乗りかかった船を見捨てることなく捲土重来《けんどちょうらい》と行きたいものですが、外務省としてはどのように対応されるのでしょうか？」

おおきくため息をついて石井が応えた。「私もこのままで終わりにしたくありませんが、当件に関しては大臣を含めて省内での評議に諮らねばならないでしょう。その結果で、もう一度ご相談させていただくことになるかもしれません」

「了解いたしました。ご決定がありましたら東京市のほうにもご連絡を頂けますようお願い致します」。尾崎は、そう言って外務省を辞去した。

失敗の結末

市長室に戻った尾崎は、不名誉な結果に終わった桜寄贈の原因を明らかにせねばならないと考えた。集荷において納入者側に落度はなかったのか、市の担当者の指導と検査方法に間違いはなかったのか。原因の所在を明らかにしたうえで、対処法を講じなければならない。尾崎は原因究明の調査を秘書に命じた。

東京興農園と桜苗木の買い付け交渉と契約を担当したのは内記課の中村俊輔であった。二月八日、中村は発送用の桜を検分したときのことを次のような報告書を尾崎に提出している。

「昨年十一月十九日、ワシントン市に寄贈する桜の検分のため、道路課園芸係の井下清技官ともう一人の職員を伴って、千葉県松戸駅に出張してまいりました。桜はもう既に荷造りが終了しており、同駅構内に集荷されていました。この日は興農園の担当者がいなかったため、興農園の請負人とその人夫たちと一緒に十数包みの桜を検査しました。桜の幹と枝は正常に発育していましたが、その中に健康を害していると思われる木が見つかりました。請負人に対し、病気に罹《かか》っている桜が入った梱包を開封して健全な木と交換することと、害虫の防除をすることを命じて帰庁いたしました。今回の桜に対して専門的な防除作業を施すことはできませんでしたが、出港期日までにできる限りの方法で努力するように指導しました」

中村の報告書には井下清による報告書も添付されていた。内容は中村のものと同じであった。カイガラムシが寄生した桜が何本かあるのを見つけた井下は、運搬途中での繁殖を危惧した。できることなら全ての苗木をガス燻蒸しておきたかった。だが、興農園の担当者がその場に居合わせなかっただけでなく、出港の日まで残り五日しかなかった。できる限りの処置をするように請負人に指示するしかなす術がなかったのである。

東京市では興農園にも調書の要求をした。東京興農園の大番頭・淺川是勝による二月七日の回答には次のように書き記されていた。

「ご用命の桜木に関しては、東京市からのご希望に沿ったもの二千本を揃えました。そして、病虫害の駆除も行ったうえで、東京市の係官による厳重な検査を受けました。ただ、根部は長い運搬に耐えられるようにしなければならず、多めの土を残してその上から多量の水苔を貼り、最後に根部全体を稲藁で包《くる》んでおきました。弊園だけでなく他の農園でも、アメリカに苗木を輸出する時には同じような方法で発送しています。従って、今回のように丁寧に害虫の駆除を施したうえで梱包したことは、むしろ例外的なものでした」

参事会は両方からの調書をもとに審議をしたうえで、次のような結論を出している。「これまでアメリカに向けて輸出した桜が学者の精査を受けたことはなかった。それでも無事に納入されてきた。今回の桜は、市が希望したようにかなり大きめな苗木であったため、幼木のときから害虫に取り付かれている確率が高かった。だが、木が大きく完全な駆除と消毒はできなかった」と。

参事会の結論を元に、市は興農園に対して警告を発した。だが、興農園はその非を容易に認めようとはしなかった。そんな渦中、東京の朝日新聞が桜寄贈の大失態について報道し始めた。世論からの批判が強くなると、興農園はやむなく妥協案を提出してきた。償いという意味から二千本の桜を東京市に寄付するというのである。だが、参事会は桜の寄付を受け入れることはしなかった。両者にそれぞれの事情と落度があったのであり、過ぎてしまったことを蒸し返してもどうにもなるものではない、というのが参事会の多数意見であったからだ。

9 名誉挽回の挑戦

尾崎の奮起

一九一〇（明治四十三）年二月、外務省内では寄贈桜が引き起こした問題を議論していた。そんな時、新任の内田康哉駐米大使から小村寿太郎外務大臣宛に書簡が届いた。手紙は一月三十一日付のもので、アメリカ政府の取った苗木焼却処分という措置は当然のことと受け入れ、この失敗に挫《くじ》けることなくもう一度桜の寄贈を推進すべきではないかという、次のような提言であった。

「私見を申し上げると、日本の努力を無駄に終わらせるべきではないと考えます。このまま日米友好計画を断念するようであれば、せっかくの東京市の好意も伝わることなく終わってしまいます。何としても東京市の善意をアメリカに示すため、桜の再寄贈について評議に諮っていただけないものでしょうか。

東京市が再び寄贈を決定して下さるのであれば、まず農務省の専門家による報告書を研究し、さらに日本の専門家の協力を得たうえで病虫害のない苗木を揃えて寄贈するようにしていただきたいと思います。とにかく失敗を繰り返さないことこそ肝要です」

内田は費用についても具体的な進言をしている。

「桜木の輸送費についてですが、この度はシアトルからワシントンＤＣまでの運賃費用を全て米国政府に負担していただきましたが、本件を管轄する陸軍省公共土地・建造物管理庁の予算も苦しいようであります。次回は東京市が負担する覚悟で望んで頂ければ幸甚です」と。

春の温もりを感じさせる一九一〇（明治四十三）年三月十七日、尾崎市長は外務省からの書類を受け取った。中をあらためると、石井次官のメモ書きと一緒に内田駐米大使による小村外相宛ての書簡の写しが入っていた。桜寄贈の失敗は、タフト大統領夫妻だけでなく多くのワシントン市民も失望したことを知らせるものだった。そして、再度の桜寄贈を促していた。

今回の予想もしなかった結果に内心忸怩《じくじ》たる思いを引きずる尾崎であったから、内田の言葉に心を揺さぶられた。そして、我が意を得たり、と言わんばかりにつぶやいた。「よし、もう一度やってみよう！　どんなことがあっても参事会を説得して、東京からの謝意と善意をワシントンに送り届けなければ、これまでの皆様の厚意を無にするだけだ！」。

尾崎は再び参事会の議決を導くため、「華盛頓府へ桜樹再寄贈ノ件」という議案を練り上げた。

「先ごろ、ワシントン市に桜樹二千本を寄贈したところ、虫害のため東京からの厚意も実らず、残念な結果となってしまいました。内田駐米大使のご意見にもありますように、農商務省の農事試験場に桜苗木五千本を委託し、そこで生育した桜を再度寄贈したく請願いたします。苗木の栽培と横浜港までの運搬にかかる費用は、全て市役所の交際費を流用することにいたします。また横浜からワシントン市までの運搬費については、追って検討する所存です」

東京市の提案として議案を参事会に提出したのは四月十四日であった。

一週間後の二十一日に参事会が開かれた。会議は名誉挽回の再寄贈案に賛意を示しているものの、なかなか決議にいたらない。財政困難な状況下にあって、反対意見にもそれなりの理があるからだ。長い討議の末にようやく決議を迎えた。固唾をのんで評決を見守る尾崎の耳に議長の声が響いた。

「全員の賛同を得て当議案を可決いたします」

尾崎はホッとすると同時に思わず手をたたいた。

古在由直の協力

尾崎はすぐさま行動した。害虫も病気もない健全な桜の苗木づくりについて教えを乞おうと、農商務省農事試験場長の古在由直《こざいよしなお》博士を訪ねた。

古在は説明する。「先の桜樹に寄生していたカイガラムシはガス燻蒸《くんじょう》法で駆除できますが、スカシバの幼虫はこの方法では駆除はできません。健全な苗木を育てるには、寄生虫が生息しない土壌で最初から注意して育てなければなりません。そして一年間育成した元気な苗木を選び、出荷前にもう一度ガス燻蒸で消毒し、輸送中に枯損しないようにすることが肝要です」

「限られた期間に健全な苗木をたくさん揃えることは可能でしょうか?」

「接木《つぎき》という方法を用いることによって可能です。が、これには元気な桜の枝を挿し木して台木を作ることから始めねばなりません」

尾崎は質問を続けた。「例えば、五千本の苗木を準備することは可能でしょうか?」

予想以上の数に古在は一瞬驚いたが、「五千本ですか。それだけの台木を用意するのは容易ではありませんが、やってできないことはないでしょう」と答えた。

「何とかなりそうだ」肯定的な印象を受けた尾崎は、苗木の育成を古在に依頼すべきだという思いを強くして農事試験場を退出した。

古在には東京市の桜寄贈に託す思いが理解できた。同時に、専門家としても害虫駆除について興味を持った。自らペンを執るとアメリカ農務省の昆虫局長に手紙を書き、害虫なき苗木の栽培と虫害駆除法についての意見を求めた。

手紙を受け取った農務省のハワード昆虫局長は、古在からの質問に答えて九月九日の返書で次のように書き送った。

「特別に栽培場を造成するか、あるいは寄生虫ネマトーダが生息しない土壌において、適切な栽培をすることが必要です。そのような苗木をさらに燻蒸消毒したうえであれば、当国への入荷物として阻止・反対されることはありません。病虫害の心配がなく、かつ植樹後の健全な生育を求めるのであれば、大きくなったものよりも苗木が望ましいことは言うまでもありません」

ハワードからの手紙を受け取った古在は、自らの考えがハワードの見解と一致していることに意を強くするのだった。


秋の彼岸を迎えるころ、尾崎は再び古在を訪れた。正式に育苗の監督と指導を農事試験場に依頼するためである。失敗の許されない依頼に古在はためらった。だが、尾崎の熱心な求めに応じて古在は監督を承諾する。古在は、病虫害のない苗木を育てるには台木作りの圃場《ほじょう》が重要であることを尾崎に説明し、場所の選定についても提案した。それは果樹苗木植物の生産地として知られる兵庫県川辺郡の東野村であった。古在が言う。「ここには植物の病原菌や害虫の恐れが少ない育苗農園があることで有名です」。

古在は説明を続けた。「接木という方法をとるからには、穂木、つまり台木につなげる挿し枝の選定も大事なことです。穂木に関しては桜の権威者である三好学博士の助言を得たいと思いますが宜し

果樹研究所カンキツ研究興津拠点　興津園芸試験場

いですかな？」

もちろん尾崎に異論はない。彼の古在に対する信頼は厚く、苗木栽培の監督を一任することで了承を得た。

「大変なことになったぞ」古在は責任の重さを感じつつ、東京市の期待に応えなければいけない、という気持ちを強くした。

計画の実施にあたり、古在は桜苗木栽培のための特別研究班を立ち上げる。静岡県興津《おきつ》園芸試験場の恩田鉄弥場長を総括責任者とし、熊谷八十三と桑名伊之吉の両技師を実務担当者に選任した。彼らは新たな任務に胸を膨らませる思いで桜苗木栽培の計画に取り掛かった。

計画は次のように立てられた。台木の採取は兵庫県の東野村に依頼する。穂木となる品種は三好学博士に相談して決める。ただし、問題は苗木の栽培地である。これまでに桜の苗木栽培をしたことのない土地であり、ネマトーダの寄生虫が完全に生息していない場所でなければならない。

彼の脳裏に浮かび上がったのは恩田が監督する興津園芸試験場だった。幸いなことに、興津園芸試験場にはコスカシバ蛾の幼虫が繁殖しやすいバラ科の木がないことも確認されている。栽培地は興津でいこう。台木と穂木の準備が整いしだい、興津の園芸試験場で苗木を栽培することに決定した。

計画の概要が固まると、古在は米国農務省のハワード昆虫局長に宛てて、「次に寄贈する桜は、私どもの農事試験場が監督して苗木の育成をすることになりました」と手紙を送った。

ハワードは、古在に宛てて日本の厚意に感謝する礼状を書くと同時に、「くれぐれもネマトーダの寄生虫がつかないように気をつけて下さい」と注意を喚起した。

ハワード昆虫局長から返信が届くのと前後して、古在はニューヨーク発信の手紙を受け取った。ニューヨークの日本人有志を代表する高峰譲吉博士からの問い合わせであった。

「私どもニューヨークの日本人会は、東京市がもう一度桜をワシントンDCに寄贈するため、貴農事試験場に苗木栽培の監督を依頼したというニュースを聞きおよんでいます。私どももニューヨーク市に桜を寄贈したいと望んでいます。私たちの桜苗木も東京市のものといっしょに栽培をしていただけませんでしょうか。それにかかる費用は私たちが別途、負担いたします」というものだった。

高峰のたゆまぬ努力と名声を知る古在は、自分に言い聞かせるかのように呟いた。「桜がワシントンDCとニューヨークの両都市に花を咲かすことは目出度いことではないか。どちらにも、日米交流を成功させるための健全で立派な苗木を作ってあげようではないか」。古在は高峰に了承の手紙を送ったことは言うまでもなかった。

台木と穂木の選定

古在は桜の苗木栽培の第一歩として東野村で育苗園を営む久保武兵衛に連絡を取った。久保に直接電話をすると、ワシントンDCに贈る桜のことを説明し、その協力を要請した。

久保は喜びと感激に身震いをした。電話口で直立不動の姿勢をとったまま、「ワシントンに贈る日本の桜苗木育成にお手伝いできるとは、光栄この上ないことです。丹精込めて、強い立派な台木をつくって見せましょう」と応える。

古在と久保の電話協議から間もなくして、恩田、熊谷、桑名、それに農事試験場西ヶ原分室の堀正太郎技師を加えた四人が東野村にやってきた。恩田たちは、久保を交えて台木についての討議を重ねた。具体的な計画が出来上がると、四人はしばらくの間、東野村に腰をすえて台木を育成する村人たちの指導にあたることとなった。

台木とは、切り取った桜の枝を土に挿し木して、そこから根や茎を発芽させてできる新株をいう。久保は、使用する台木として、桜の中でもいちばん根つきのよい「細葉桜」を選んだ。これを一万五千本揃えるとなると村をあげての一大作業である。久保は村の植木生産園主を集めると、台木採取の分担協力を求めた。東野村では村をあげての共同作業が始まった。恩田たちの指導にも熱がこもった。

熊谷が東京に戻ると、古在は熊谷を伴って三好学博士を訪ねることにした。三好は日本の桜に関する論文や著書を多数発表しており、「桜博士」の異名を取るほどの権威者であった。それゆえ、接穂の品種選定について相談するべきと考えていた。二人は三好の意見に耳を傾け、彼の指導に従って品種を決めた。

更に万全を期するうえで、船津静作《ふなつせいさく》に相談することも必要であった。江北村に居住する船津は、一八八七（明治二十）年から名木といわれる桜の収集を始めていた。全国各地を巡り、精選した七十五種類の桜樹を買い付けている。そして、収集した桜を江北村の荒川堤に移植した。船津は「桜の覇王」と呼ばれるほど桜の造詣に深い老人で、桜博士と呼ばれる三好でさえも、桜に関しては船津に私淑するほどの人物であった。だからこそ、接穂に使用する品種の的確さを期するためにはどうしても船津への協力要請が欠かせなかったのである。古在と三好が連れ立って南足立郡江北村に住む船津を訪ねた。

船津は二人の訪問をうけると、親しみを込めて迎え入れた。

「三好君と古在君が一緒に江北村までの訪問とは珍しいのおー。して、今日はどんなご用件で来られたのかな？」

「今日は船津さんのお力を借りようとお伺いしました」

「それはどんなことかな？　ワシにできることかな？」

二人は、ワシントンＤＣに寄贈する桜のこれまでの経緯を説明した。そして寄贈用の桜苗木を特別に育苗するうえで船津の協力を求めたのである。

ウン、ウンと頷きながら説明を聞いていた船津は、仙人のように長く伸ばした口ひげを撫でながら答えた。

「日本も見上げたことをするもんだな。よし、わかった。この老いぼれも意気に感じてお手伝いをいたそう」

そう言って、快く引き受けてくれたのだった。

作業が始まると、船津は桜移植のときに作成した台帳に照らし合わせて、害虫に強い十一種類の桜を選んだ。染井吉野、白雪、有明、御車返《みくるまがえし》、福禄寿《ふくろくじゅ》、一葉、関山、普賢象《ふげんぞう》、御衣黄《ぎょいこう》、上香、滝香であった。選び出した桜樹から一万本の穂木を摘み取る作業では、船津自らも剪定《せんてい》ばさみを手にした。

さらに、そこに力強い助っ人が現れた。品川で洋花栽培をする「妙華園」の園主、河瀬春太郎である。アメリカで造園を学んで帰国した河瀬は、尾崎行雄の後妻でイギリス生まれの英・テオドラと言葉を交わす間柄だった。そんなことから尾崎とも面識を持つ仲であった。尾崎から桜苗木育成の話を聞いた河瀬は、荒川堤での穂木採取に助力することを申し出たのである。

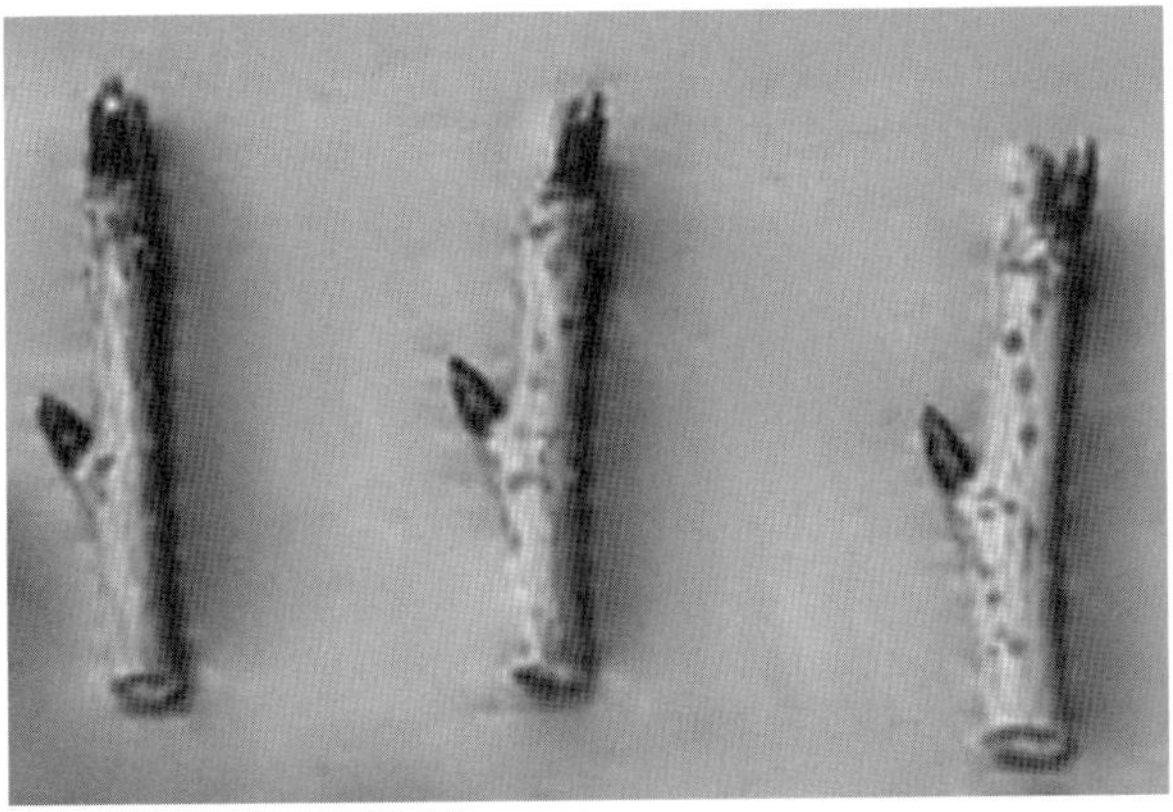

穂　木

苗木の完成

冬の訪れを感ずる十一月末。東野村の各農家で育成された台木が久保農園に運ばれてきた。根元を藁で包んだどの台木も、興津園芸試験場からの技師に指導された通りにできあがっていた。集められた台木の束をむしろで包むと、久保の指示に沿って「ホリ」という水だまりに漬け込まれる。じゅうぶんに水分を含んだ台木はガス燻蒸室に移されて消毒が施される。全ての作業が完了し、出荷準備が整った台木は荷車に搭載され、村人たちの万歳三唱を受けて東野村を出発した。

この頃、東京では船津と河瀬の監督のもとに穂木の梱包が行われていた。一万本の穂木が王子の運送屋によって興津へ送り出されたのは、年の瀬が迫った十二月三十日のことだった。

興津園芸試験場では、園芸場長の恩田鉄弥、技師の桑名伊之助、熊谷八十三、堀正太郎の「苗木栽培特別班」によって台木と穂木を接木することになっていた。台木と穂木の到着を待つ彼らのもとに、兵庫から台木が、続いて東京の穂木が届いた。品物を受け取ると、園芸試験場の職員たちが特別に工夫して作り上げた燻蒸小屋に運び入れた。両方とも青酸ガス燻蒸を施すことになっていたからだ。燻蒸が終わった台木と穂木は、接木の作業が始まるまでの間、乾燥した日陰地に仮植して慎重に保存されることになっていた。

一九一一（明治四十四）年の新年が明けて、霜の降る一月から接木作業が始まった。試験場の全職員が駆り出されての作業は、早くも二月早々に終わった。接木された苗木は場内の苗床に移され、駿河湾からの温暖な風と陽光をあびて育成された。栽培中も数回の検査を受け、必要とあれば消毒が行われた。この年の六月二十八日夜半、台風が静岡地方を襲った。苗木は激しく風に揺さぶられ、苗を結束している竹の支柱同士がぶつかりあった。特別班の技師たちは、苗木が傷ついたり枝が折れはしないかと気をもんで見守るしかなかった。台風が通り過ぎた後には、接木の部分が折れた物や、歪んだ苗木が見つかった。技師たちは傷ついた接木を丁寧に補修した。接合部の形が見栄えのしない苗もあったが、それによって苗を間引くまでにいたらなかったのは幸いであった。

ちょうど一年が過ぎた一九一二（明治四十五）年二月、どの苗木も植え付けのできるまでに成育していた。東京市から中村俊輔と井下清の両職員が静岡県興津の園芸試験場に出張してきたのもこのころだった。三年前の千葉県松戸駅での検査と同様、桜木の検分に立ち会うためである。

二月五日の夜汽車で東京駅を出発した二人は、翌六日早朝、南面に駿河湾の広がる興津駅に降り立った。恩田、桑名、熊谷らが駅に出迎えた。彼らの案内で試験場に向うと、温かな朝食が用意されていた。夜行列車の旅を終えて空腹を覚える二人には、湯気の立つ味噌汁とご飯が美味しかった。とりわけ、眼前の駿河湾で獲れる旬の食材、桜海老のかき揚げてんぷらに舌鼓をうった。普段は几帳面な性格の中村が、かき揚げをつまみあげてつぶやいた。「櫻の検分に来て食す桜海老。『櫻・桜』とは、縁起がいいなー」。

食卓に着く誰もが笑みを浮かべて中村の駄洒落を褒め上げた。

食事が済むと、恩田から桜苗木の生育状況について説明を受ける。中村と井下には苗木の育成過程と順調な生育状況がよく理解できた。二人は、恩田のあとについて栽培場に出かけた。圃場では何人もの技師たちが苗木の掘り取り作業に従事しているところだった。集められた苗木が大きさによってグループ分けされている。樹高は種類によって異なっていた。短いもので約一メートル、大きいもので約一・五メートルほどの幼木であった。どの苗木も幹はまっすぐに伸び、枝もよく張っていた。無駄な伸び方をしているものはない。病害虫の寄生している様子も見当たらない。根は丈夫そうな細根を豊富につけている。理想的な苗木に生育をしていることが一目でわかった。

中村と井下が顔を見合わせて頷いた。

「素晴らしいできですね」

「本当だ。これなら間違いはないでしょう」

二人は特別班の人たちに深々と頭を下げて礼を言った。

「こんなに素晴らしい苗木を育生して下さり、何とお礼を申し上げたらよいのかわかりません。東京に戻りまして、市長および関係者に報告いたします」

「喜んで頂けるような苗木を育生できて、私たちも肩の荷がおりる思いです。この後の梱包と発送も注意して完了させますのでご安心下さい」恩田が答礼をした。

桜の梱包も苗木の大きさによってグループ分けされた。大きなものは五十本をひと包みにし、小さなものは百本単位で梱包された。根元は毛根を傷つけないように水苔で保護し、その上からムシロで包み込んだ。梱包作業は突貫作業で行われた。そして七日の夕刻、苗木は横浜行きの貨車に積み込まれると、翌日の日の出前に興津駅を出発した。

10　期待に応える桜

満を持した出発

一九一二（明治四十五）年二月八日の正午前、興津からの貨車が横浜港内の操車場に到着した。桜苗木に一人付き添ってきた熊谷八十三《くまがいやそぞう》技師は、貨車を離れるとまっすぐ横浜植木を訪れた。

熊谷は予め約束を取り付けていた鈴木卯兵衛社長に会うと、桜苗木の最終的梱包と船への積み込み作業について打ち合わせをする。なにしろ六千本もの苗木を六週間にわたる長旅へと送りだすのである。途中、枝を傷つけないようにし、根を枯らせないだけの水分補給を確実にしておかなければならない。万端なうえにも万端な準備をしておきたかったのだ。

植物の海外出荷に慣れた鈴木が説明をした。

「熊谷さん、心配しないで下さい。荷造りの手順は次のようにいたします。先ず、苗木の根の土を洗い流し、根が乾燥しないように根の周りを保水力の強い水苔で包み込みます。苗木は十本単位で束ね、束と束がぶつかりあわないように工夫します。なんてたって、植物にとって根の乾燥がいちばんの大敵ですからね。水気をたっぷりと含んだ水苔で保護された苗木は無事にワシントンまでの長旅に堪えてくれますよ」

「でも、それだけの梱包作業をしようというには相当な人数の植木職人を揃えなければならないのでしょう。失礼だが、御社の職人さんだけで明日までに全ての作業が終了するのでしょうか？」

限られた時間内で完了できるのかと訝《いぶか》る熊谷に、鈴木が説明する。

「もちろんわが社の職人だけではとても足りません。だから、横浜の植木商連合会に参加する会社にも協力を要請してあります。明日は五十人前後の職人が作業に参加してくれるでしょう。朝から全員が操車場に集まることになっています。もし明日中に完了しなくても、明後日の早朝から作業を開始し、昼前には全ての木箱を船に積み込むことができます」

熊谷は、鈴木の用意周到さに驚き、改めて頭を下げた。

翌朝、熊谷と鈴木が港の操車場に足を運ぶと、既に印半纏《しるしばんてん》に地下足袋姿の男たちが集合していた。ざっと数えても四十人以上の植木職人たちである。鈴木が彼らに歩み寄って挨拶をする。すると、親方とおぼしき中年の男がみんなに向けて檄を飛ばした。

「おいっ、みんな！　こんな小さな苗木が太平洋の荒波を渡ってアメリカのワシントンという所まで嫁に行くんだよ。大切に心を込めて荷造りしようじゃないか。絶対に枯らしちゃならねぇ。日本の植木職人の腕のみせどころだ。しっかりやってくれよ」

居並ぶ職人たちが一斉に作業を始めた。梱包された紐を解くと、きちんと揃えられた苗木が現れた。職人たちは苗木の出来栄えの見事さに驚いた。熊谷が見守るなか、熟練した植木職人たちは三つのグループに分かれて手際よく作業をすすめていく。第一の苗木を束ねるグループは、十本ずつの桜を一束にして、それを六束から七束ずつ交互にしながら一列に並べる。第二のグループは、束ねられた苗木の根全体にたっぷりと水を含んだ水苔を固く巻きつけると、これを綿布で包み、荒縄で縛り付ける。第三のグループは苗木束を慎重に箱詰めにすると、束と束の間に菰《こも》を当てた板を一本ずつ固定していく。船が揺れても木箱の苗が動かぬようにするためだった。こうして六千四十本の桜苗木の梱包は五時間ほどで完了した。作業を終えた職人たちの誰もが達成感に満ちた誇らしい顔つきであった。「多くの人たちの手を経て大切に育てられた桜の苗木を絶対に枯らしてはならない」という使命感を担い、完璧な荷造りを仕上げた横浜植木と植木職人たちの果たした役割は小さくなかった。

熊谷はふと、こんな言葉を思い浮かべた。『駕籠《かご》に乗る人、担ぐ人、そのまた草鞋《わらじ》をつくる人』。何か事を成そうとすれば、人と人との絆が大切である。桜の苗木をワシントンＤＣに寄贈するまでの過程にどれほど多くの人たちの善意の志が寄せられたことか。熊谷はそんな気持ちで最後の梱包作業を見つめていた。

近藤廉平

出所）日本郵船所蔵

　丹沢から吹き降ろす冷たい風に波立つ岸壁では、積荷を待つ日本郵船の「阿波丸」が停泊していた。桜が日本を出立する最後の作業が始まった。日米友好の主役となる大切な桜苗木の梱包に万全な配慮をしたからには、当然船中に積み込む場所にも気配りしなければならない。それは温度の安定した場所の確保である。船倉の喫水線以下の位置が条件を満たす適温の十五℃程度に保たれる場所であるという日本郵船の永井横浜支店長の指摘を受け、そこに六千四十本の桜苗木が入った木箱が積み込まれた。

　二月十四日、桜苗木を積み込んだ「阿波丸」は、ボーと汽笛を高らかに鳴らして横浜港を離れた。三年前と同様、再び日本郵船近藤廉平社長の特別な配慮を得て、「阿波丸」が桜をシアトルまで輸送することになった。波の高い冬の太平洋上では船足も鈍りがちとなる。「阿波丸」のシアトル港到着は、普通よりも日数を多く見積もって、三月早々と予定した。

阿波丸

出所）日本郵船所蔵

「阿波丸」が出港すると、日本郵船からシアトル港税関事務所に向けて船の到着スケジュールと桜の目録が伝えられた。税関事務所はその情報を米国農務省に伝達した。さらに、情報は農務省から公共土地・建造物管理庁のコスビー長官へと繋げられた。長官は、再び苗木を運ぶ特別貨車の準備をフェアチャイルドに依頼しなければならなかった。輸入植物担当官のシアトル港派遣についても同じであった。すべてが前回と同じ手順で行われていった。

一日程遅れて「阿波丸」がシアトル港に到着した。陸揚げされた桜が通常の税関手続きを踏むことなく、直ちにフェアチャイルドたち特別担当官に委ねられたのも三年前と同じであった。そして三月十三日、苗木を積み込んだ特別貨車がワシントンに向けて出発した。貨車の姿が見えなくなると、税関事務所は「貨車出発」の電報を農務省園芸局に向けて打電した。

電報受信より十日ほど前のことである。尾崎から桜苗木についての親書を受け取ったコスビーは、ホワイトハウスに駆けつけ、タフト大統領夫人に報告をした。

「ミセス・タフト、ご機嫌はいかがでしょうか?　今日は良い知らせを持って参りました。メイヤー・オザキからの報告で、桜が日本を出発しました」。そう言って、目録をヘレンに手渡した。

「それは素晴らしいニュースですね。でも、前回のような結果にはならなければいいわね」。ヘレンが微笑んで言った。

「その点は大丈夫だと思います。報告によると、今回の桜は学者や専門家の手によって手厚く育成された苗木だそうです。桜は今月末にワシントンDCに到着する予定です。それまでに、私が植樹計画についてのプランをまとめ、後日改めてミセス・タフトにご報告いたします」

コスビーが退室すると、ヘレンは右腕を抱えながら、ホワイトハウス南庭園の先に広がるタイダル池を見つめた。

三年前の五月十七日、ヘレンは多忙なスケジュールの合間を縫って、政界の知人や友人を招待して非公式な舟遊びを催した。マウント・バーノンへの河下りを楽しもうという集いであった。その船上で、ヘレンは座り込むようにして失神した。脳卒中を起こしたのだった。

ヘレンの昏睡《こんすい》状態は十六時間も続いた。ようやく一命を取り戻して目を覚ましたヘレンは、生命に危険はなかったものの、声を失ってしまった。失語症を引き起こしたのである。病状から恢復しても話すことができなかった。ヘレンは発声の仕方から学び直さねばならなかった。実妹のエレノア・モーアの指導を受けて、来る日も、来る日も、発声と言葉の訓練を続けた。

そして三年後、右手の動作と右の頬の硬直さは幾分残ったものの、言語障害は驚くほどに恢復した。比較的短い言葉であれば不自由なく話すことができるようになっていた。

ワシントンの驚きと喜び

全部で六千四十本の桜苗木を積み込んだ特別貨車がワシントンDCのユニオン駅に着いたのは、三月二十六日昼前だった。新芽が開き始めた木々の上には青空が広がり、そよぐ春風が気持ちのよい日であった。構内で荷下ろしされた三千二十本の苗木は、検疫検査を受けるために何十台もの荷馬車で、ワシントン記念塔の東側にある農務省園芸場へと運ばれた。

園芸場では農務省昆虫局のハワード局長以下、マーラット博士と数人の専門家が、そして園芸局からはフェアチャイルド博士を含む数名の専門家が苗木の到着を待ち受けていた。三年前の検疫にも立ち会った人たちである。手慣れた検査は、無駄なく、流れるように進んでいった。

作業が終わると、その検査結果報告がハワードに手渡された。報告書に目を通すと、傍らに立つフェアチャイルドに語りかけた。

「外国からの輸入植物で、これほどまでに瑞々しく、しかも全く害虫にも病害にも侵されていない物は初めてじゃないかな」

今度は大丈夫だろうと思いつつも一抹の不安を抱いていたフェアチャイルドが、「フー」と大きなため息をついて言った。

「本当ですね！　実に素晴らしい苗木が贈られてきましたね」

フェアチャイルドの緊張していた顔がほころんだ。

ハワードは近くに立つ彼の部下に指示を与えた。「すぐに農務長官に報告してくれ給え」

桜木の検査結果を受けたジェームズ・ウイルソン長官は、手元の電話を取り上げるとコスビー長官に報告をする。コスビーはホワイトハウスのアーチーに連絡をした。

「アーチー、嬉しいニュースだぞ。今日届いた桜は、全て完璧なまでに健康な苗木だそうだ。明日はささやかな植樹式を準備するから、ファーストレディーにもその旨を伝えて頂きたい。時間と場所は追って連絡するからよろしく」

そう言って電話を切った。

一夜明けた二十七日、朝から浮き浮きとした気分のヘレンは、アーチーを相手に植樹式参加の準備を始めた。

「セレモニーにはどなたが参加するの?」

「コスビー長官によると、ささやかなセレモニーで、関係者だけの七、八人だそうです」

「日本の大使館からはどなたがいらっしゃるの?」

「日本大使夫人のミセス・イワ・チンダが出席されるそうです」

「それでは、ミセス・チンダに差し上げるアメリカンローズの花束を用意して下さいな」

この時の日本大使は、三月に内田の後を継いで着任したばかりの珍田捨己であった。ヘレンは、桜寄贈への謝意だけでなく新任大使夫人への挨拶を兼ねて、バラの花束をプレゼントしようと考えたのである。

植樹式の準備はタイダル・ベイスンの北東地区にある橋のたもとで行われることになった。この日も青空が気持ちよく晴れあがっていた。コスビーの部下たちが、朝からタイダル・ベイスンの岸辺近くに二つの植穴を掘り、式の準備を整えていた。傍には十本ほどの桜苗木と植えつけ用の真新しいスコップが並んでいる。式場には、ヘレン・タフト、珍田いわ、アーチー・ブット、スペンサー・コスビー、ジェイムズ・ウイルソン、エリザ・シドモアらが集っていた。なかでも、自分が発案し、長い間諦めもせずにポトマック河畔を東京の荒川堤のような桜の名勝地にしたいと夢見てきたエリザは、心のときめきを隠すことができなかった。

コスビーの挨拶で植樹式が始まった。工兵から手渡されたスコップを手に、ヘレン・タフトが最初の桜を植樹する。続いて、珍田日本大使夫人が二本目の桜の植樹をした。いま、長い準備と旅を終えてやっとワシントンDCに到着した「日米友好親善の桜」が、漸《ようや》くポトマックの地に根を下ろしたのだ。

「パチ、パチ、パチ……」。参列者の喜びを込めた拍手が送られた。笑顔をほころばせるヘレンは、目の前の苗木を感慨深げに見つめて思った。「あれから三年目、まさか日本の桜を私の手で植えるとは考えてもみなかった。私の夢が叶えられたのも、すべて神の思し召しなのでしょう」

紆余曲折を経た末の日米友好親善祝賀式にしては、あまりにもささやかな桜植樹だった。晴天に恵まれたワシントンDCの春という以外、なんら華やかさもなかった。だが、桜はそれを熱望してくれる人たちによって迎えられたのだ。シンプルな祝賀式だったからゆえに、むしろ桜の持つ健気さと日本人の持つ奥ゆかしさを象徴したともいえるだろう。

11 桜植樹がすんで

喜びに沸く日米関係者

ホワイトハウスに戻ったヘレンは、夫のタフト大統領とともにアーチーとコスビーをねぎらった。

「本当にご苦労様でした。あとは三千二十本の桜の配置と植え付けですね。コスビー大佐、日米友好の記念がいつまでも残るように、効果的な場所に植え付けてくださいね。私は、どの木も無事に根付き、大きな桜に成長してくれることを祈ります」

ヘレンからの労わりの言葉にコスビーが答えた。

「ファーストレディーこそ、大きな仕事をなさいました。ポトマック河畔の野外音楽祭と桜の移植、これだけでもファーストレディーの名前を歴史に残すこととなるでしょう」

「ありがとう。私は昨日、メイヤー・オザキにお礼の手紙を書いておきました。一段落したら、あなたからもメイヤー・オザキにお礼状を送っておいてくださいね」

アーチーが用意したシャンペンで四人は乾杯をした。


エリザは自宅に戻ると、すぐにフェアチャイルドに電話をした。

「デイビッド？　エリザです。いま桜の植樹式から戻ってきたところです。ささやかな式でしたが、ポトマックの桜にとっては大きな一歩でした。残念だったのは、あなたやチャールズのお姿が見られなかったことです。あなた方はなぜ参加しなかったのでしょう？」

「エリザ、私たちはセレモニーに参加しなかったけど、どうってこともないんですよ。日本の桜がポトマック公園に根を張ってくれるだけで嬉しいんですよ。これから数年後には花を咲かせてくれるでしょう。その時に咲く桜が私たちにとっての勲章となりますよ」

フェアチャイルドはそう言って笑うだけで、多くを語らなかった。だがエリザには、フェアチャイルドとマーラットの苦い経験がわかるような気がした。三年前の桜が悲劇に終わった時、ある議員からの痛烈な糾弾と新聞からの非難を受けた苦い思い出があったからだ。

「近いうちに桜の愛好者で、ポトマックの桜にささやかな乾杯をいたしましょう」

そう言ってエリザは電話機を置いた。

エリザはニューヨークの高峰譲吉にも連絡を取った。植樹式が無事に行われたことを報告すると、

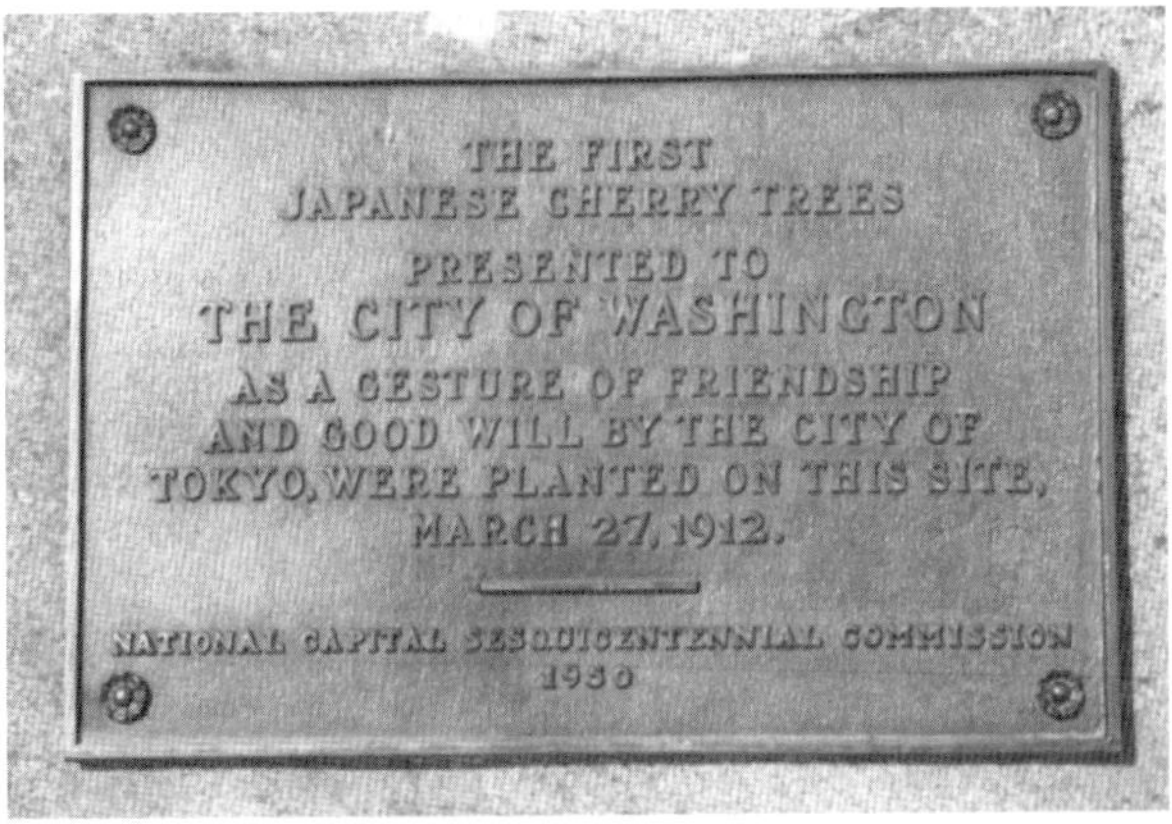

1912年３月桜植樹のプラケート

出所）筆者撮影

電話の向こうで高峰が喜びの声を上げて言った。

「コングラチュレーション！　病害虫のない完璧な桜が届いたんですか。それは素晴らしいことだ。これでエリザさんも長年の夢が叶いワンダフル、ワンダフルですね」

「ニューヨークに運ばれた桜はもう到着しましたか？　ニューヨークでは何かイベントが開かれるのでしょうか？」

「桜はまだ受け取っていませんが、当地の検査官による検疫検査を受けたあとで引き取ることになっています。桜の植樹ではニューヨーク市民とともに盛大なセレモニーを開催することになっているんですよ。今から楽しみで、胸がワクワクしていますよ」

二人の会話はいつにも増して弾んでいた。

翌三月二十八日、ワシントンＤＣの地元紙は前日の植樹式について報じていた。だが、記事そのものが、式の質素さに同調したかのように小さな囲み記事だった。

植樹式が終わり、ワシントンＤＣの日本大使館は本省に向けて電報を打った。

「完璧な苗木に米国農務省でも驚いたほどでした。翌日、タフト大統領夫人と珍田大使夫人が桜を植樹しました。大使夫人はお喜びの大統領夫人から大きなバラの花束を受け取られました」

電文を読む外務省でも喜びの声が上がった。電文は、前年に交代した西園寺公望内閣のもとで就任した内田康哉外務大臣に届けられた。

「ついにやったか！　東京市と農事試験場は本当によくやってくれた。早速、尾崎市長にも桜寄贈成功の情報を伝えてやってくれ」

内田は秘書にそう指示した。第二回目の桜寄贈を後押しした内田としても、成功の報に喜びを隠せなかった。

ワシントンＤＣからの伝言を受けた東京市の尾崎市長と職員は小躍りして喜んだ。失敗の許されない二度目の桜寄贈が成功して、日本のアメリカに対する友情が届いたからだ。

四月になると、アメリカからの書簡が立て続けに届いた。最初のものは、タフト夫人が尾崎夫人に宛てた礼状である。手紙は、桜がワシントンに届いた三月二十六日に書かれていた。「大統領と私は、尾崎市長と東京市による寄贈の桜がワシントンＤＣに向けて発送された、というお手紙を頂いておりました」と始まる手紙は、次のように書かれていた。

「日本からの桜に対し、ワシントンDCの気候と市民が歓迎をいたします。桜を歓迎する条件と環境は日本国内のそれと変わらないものと確信します。たとえ桜の花が故国における半分ほどの美しさであったとしても、その美は地球の反対側の友好国から贈られた不変なる記念となるでしょう。私たちアメリカ国民は、春の桜の美しさを見るために、全米各地からやってくるようになるはずです。その桜が、ちょうど今日、ワシントンDCに到着したという知らせを受けたところです。苗木の梱包が解かれたら、植樹のセレモニーが行われることになっています。私が、最初の桜を植えることになります」

このころ、尾崎夫人は二人目の女児を出産している。ヘレン・タフトは、女児誕生についても祝福した。

二通目の手紙はスペンサー・コスビー長官からのもの。植樹式からちょうど一週間後の四月四日に書かれたもので、「ご恵贈の桜木三千二十本は農務省の専門家によって綿密な検査を受けたましたが、全く病菌も害虫の痕跡も無く、驚くほど素晴らしい苗木でした」という賞賛を表していた。手紙には植樹式の報告がなされていた。

「到着した時期も植樹によいタイミングであり、検査後直ちにポトマック公園に植え付けました。タフト夫人は自ら選んだ苗木を手植えされました。タフト夫人の招待で出席された珍田夫人は二番目の桜を植えられました」

礼状と一緒に、桜が植樹されたスポットを示す赤く大きな印をつけた公園の図面が同封されていた。そして桜植樹の計画について次のように伝えている。

「桜はタイダル・ベイスンの周りに沿って植えつけられることになっています。春になって桜が咲くようになれば、その見事な風景を池辺のどこからでも見渡すことができるようになるでしょう。数年後にはワシントン市の名所のひとつとなるはずです。そして、桜を見る者は、東京市が私たち市民に贈って下さった厚意をいつまでも忘れることはないでしょう」と。

尾崎には、タフト大統領夫人とコスビー長官からの喜びと謝意が嬉しかった。そして思った。日米友好親善の桜寄贈が、アメリカで高まっている日本人排斥運動の鎮火を促すことになってくれればよいのだがと。同時に、桜が日米友好交流の礎石にとどまることなく、国際平和外交の具体化となればと念じるのだった

ニューヨークに届いた桜

大陸を横断してきた特別貨車は、ワシントンＤＣで三千二十本の桜苗木を降ろすと、次の目的地ニューヨークに向かった。貨車がニューヨーク州の州都アルバニー駅に到着したのは翌日の昼過ぎのこと。桜は直ちにニューヨーク州農務省に引き取られた。州の検疫検査を受けるためである。

ジャパン・ソサエティーでは、植樹式を故グラント大統領の誕生日にあたる四月二十七日に予定していた。セレモニーはハドソン河畔クレアモント公園内のグラント将軍墓所の傍らで行われることになった。セレモニーの当日は生憎の雨天となり、そのために植樹式は一日延びた。翌日は、前日とうって変わって朝からよい天気となる。しかも、日曜日である。午前中から大勢の市民が集まった。ニューヨーク市の協力を得て開催した桜の歓迎植樹式は、高峰たちが予想した以上の盛況となった。

セレモニーは市の楽団によるアメリカと日本の国歌吹奏で始まった。続いて祝辞である。高峰博士、ハドソン・フルトン祝祭委員会の会長スチュワート・L・ウッドフォード将軍、ニューヨーク市公園監督官のストーヴァー氏の順番で祝辞が述べられた。それが終わると、東京美術学校生の製作による桜植樹記念プレートの贈呈。楽団による高織宮次作曲『万歳』と『さくら』の曲が流れると、十三名の和服姿の少女たちが手に一メートルほどの苗木と紅白のリボンで飾った鋤を持って登場した。少女たちは手に持つ桜を所定の場所に植樹していく。桜はクレアモント公園のほかに、ハドソン河畔やセントラルパークにも植え付けられることとなった。

ワシントンDCに寄贈された桜も同様であった。タイダル・ベイスンの岸辺を取り囲むようにして植樹された。残る苗木は、東ポトマック公園のポトマック河畔、ホワイトハウスと連邦議事堂内の庭園、さらに市内の公園へと分散されて植樹されることになった。なかでも、緑白色の珍しい花を咲かせる御衣黄《ぎょいこう》桜はホワイトハウス内庭園に植えられている。

桜への返礼

桜植樹後のホワイトハウスでは、ヘレン・タフトを中心に日本桜の返礼が話し合われた。協議では、「苗木はまだ幼樹であり、実際に花開くまで生長するかどうかもわかりません。だから桜が根を下ろすのを確認するまで待ってみたらどうでしょうか」という意見が大勢を占めた。ヘレンも、返礼の施行は桜の生長を見たうえで行うことに同意した。

それから一年、桜は順調に生長していった。ホワイトハウス内では、再び返礼企画の話し合いがもちあがった。だが、折しも、タフト大統領の再選準備運動を開始する時期と重なる。関係者は誰も桜返礼を心にかけていたが、関心は目前に迫っている大統領選挙であった。そのため、返礼実行委員会の立ち上げは当面棚上げとなってしまった。

東京市への返礼を考えていたのは、農務省のマーラットやフェアチャイルドたちも同じであった。たまたま、柑橘学の権威であるウオルター・T・スウイングル博士も加わり、桜の返礼について頻繁に相談を繰り返すようになった。

一九一五（大正四）年、スウイングルが柑橘類の病気調査や指導で日本を訪れた。日本での博士は、ポトマックに移植された桜の生育状況を報告している。アメリカ人の感謝を東京市長にささげるとともに、アメリカから持参したハナミズキを東京市に寄贈した。返礼のハナミズキは白い花を咲かす四十本の苗木であった。

アメリカでは、「ドッグウッド」と呼ばれるハナミズキは、アメリカ人が愛する花である。いくつかの州では「州の花」として採用されている。寄贈されたハナミズキは、小石川植物園、静岡県興津の園芸試験場、東京都立園芸高校庭などに植えられた。都立園芸高校に分与されたのは、寄贈桜の育成に関わった熊谷八十三がこの高校の初代校長になるという縁によるものであった（当時、贈られた四十本の苗木のうち、一本だけが都立園芸高校の校庭に現存している）。

ハナミズキが日本の土地に根付き、日本人に受け入れられたことを知ったフェアチャイルドは、二年後の一九一七（大正六）年に赤い花を咲かすハナミズキの苗十二本と繁殖用の種子を贈っている。

百有余年経った現在、日本各地に植えられ、華麗な花を咲かせるハナミズキは、この四十本から始まったのである。

桜たちの語らい

桜の幼木の枝に新緑の葉が大きくなったころ。ヘレン・タフトによって植えられた桜が仲間の桜に声をかけた。

「みんな長旅の疲れを回復したかしら？　新しい土にも慣れてきた？」

近くに立つ桜が答えた。

「私は大丈夫よ。でも私たちはものすごく遠くに運ばれてきたのね」

別の桜が言った。

「私たちの新しい土地は、なんでもアメリカのワシントンDCという所だそうよ。土壌も人も言葉もまったく馴染みのない場所だけれど、私たちに適した土さんと水さんに恵まれてよかったわ」

最初の桜が少し不安げな調子でつぶやいた。

「確かによい土地に根を下ろすことができてよかったわ。でも、私にはこの地に何となくよそよそしい雰囲気が感じられるの。なぜだか知らないけれど……」

少し離れた場所に立つ桜が話題を変えてこう言った。

「誰かがこんなことを言っていたわよ。『ヨーロッパ諸国は、外交上の祝賀に軍艦や政府の高官を派遣して祝意を示すが、日本は桜の木を贈ってきた。軍艦は戦争と力のイメージを内包するけど、桜は平和を表すものだ』って。私たちは平和の使者として、花の美しさをアメリカ人に紹介すればいいのよ」

また別の桜が言う。

「私の荒川堤の親木が言っていたよ。政治というのは、いつでも、どこでも、権益と利権獲得のために変化《へんげ》するものだって。だから政治から超然としていたほうがいいわよ」

みんなの語らいを黙って聞いていた珍田いわ植樹の桜が静かに口を開いた。

「幸い私たちは歓迎されたようだけど、これからずっと安穏としていられないかも知れないわね。それは、政治だけでなく、この土地の気候や風土によって辛い目に出会うこともあるはずよ。私たちはどんなことがあっても大和魂を失うことなく成長していかなければならないわ。そして毎年春になったら、私たちの花でアメリカ人に日本の美を訴えていきましょう」

誰かがつぶやいた。

「日本の美と大和魂か。いいことを言うわね。日本人の心意気を体現して下さった多くの人たちの、共通した心情こそが日本の美と大和魂なのよね」

最初の桜が元気を取り戻してみんなに声をかけた。

「みんなで頑張ろう！　桜の寿命は六十年なんて言われるけど、私たち桜の美しさを理解し、迎えてくれたアメリカ人のためにも、百年でも百五十年でも花を咲かせようね」

その時、強い風もないのに桜たちの枝が静かに揺れた。まるで、どの桜もヘレン・タフト桜に同意しているようであった。

エピローグ――桜関係者のその後

エリザ・R・シドモア

日本の桜紹介に先鞭をつけたエリザ・R・シドモアは、日米交流に協力をし、新渡戸稲造夫妻と親交を厚くした。彼女が執筆した作品や論文は、ハーパーズ・ウィークリー紙、ザ・アウトルック誌、ロンドン日本協会誌などに掲載されている。そんなエリザは、以前からくすぶり続けていた排日運動と日本人移民者への抑圧に反対意見を述べてきた。だが、第二十八代大統領トーマス・ウッドロー・ウイルソン政権の一九二四（大正十三）年五月、米国議会が「排日移民制限法案」を通過させると、五月二十六日に大統領は法案に署名した。議会と政府の処断に失望するエリザは、一年後の一九二五（大正十四）年五月、ジュネーブへ移住した。アメリカの日本人に対する政策に失意したからである。同時に、友人の新渡戸稲造が国際連盟の事務局次長としてジュネーブに在住していたことも理由のひとつであった。

ジュネーブでの生活をエンジョイしていたエリザであったが、一九二八（昭和三）年十一月三日に自宅で永眠した。享年七十二歳。そして一年後の一九二九（昭和四）年十一月三十日、エリザの遺骨は日本へ移送され、横浜山手外国人墓地に手厚く埋葬された。母のエリザ・キャサリーン・シドモアと兄のジョージ・ホーソン・シドモアとともに外国人墓地に眠っている。

デイビッド・フェアチャイルド夫妻とチャールズ・マーラット

毎年、デイビッド・フェアチャイルド夫妻自宅の「ウッド」の桜が満開になると、チャールズ・マーラット夫妻や桜愛好会のメンバーを集めて、彼らだけの「お花見」を開いていた。エリザ・シドモアはいうまでもなく、日本大使館からも職員が参加するようになった。ある年、「桜祭り」を行うと、日本大使が司会を務め、秘書が進行係となって「桜祭り」を盛り上げた。日本人にあやかった「お花見」では、持ち寄った日本酒やワインを傾けた。桜を堪能したところで、参加者は思い思いに桜の美しさと詩情を紙片に書きとめると、それを桜の枝に結びつけたりした。チェビーチェイスでの「お花見」を満喫するエリザとマーラット夫妻は、桜の時期の日本を思い出すのだった。とりわけ、日本を訪れている彼らは、桜の花だけでなく、桜をいつくしむ日本人の心までもチェビーチェイスに移植したという思いを強くした。

一九二二（大正十一）年春、ワシントンDCのワシントン記念塔付近の桜が開花すると、フェアチャイルドは満開の桜を写真に収めた。それを一冊の写真集にまとめ、ニューヨークの高峰讓吉に贈っている。健康を崩してベッドに臥す高峰は大喜びをした。

一九二六（大正十五）年、米国農務省を退官したフェアチャイルド夫妻は、フロリダ州のビスケインに八エーカー（三万二千三百七十六平方メートル）の土地を購入して移住する。夫妻は、ビスケインの新居を「カンポン」と名づけた。昔、インドネシアで植物採集をしていたころ、仮住まいにしたジャワの滞在地に雰囲気がよく似ていたからだ。彼らは、再び珍しい熱帯植物の収集に満足する日々を送っている。そして、『The World was My Garden』、『The World Grows Around My Door』、『Exploring for Plants』など多数の本を出版した。フェアチャイルドは、一九五四年四月七日にビスケインの自宅で八十五年の人生をとじた。その後、一九八四年になって、「カンポン」は「国立熱帯植物園」の一部に組み込まれた。

チャールズ・マーラットは、一九一二（明治四十五）年に植物隔離法が制定されると、農務省が設立した連邦園芸学術委員会の委員長に任命される。一九二九（昭和四）年の退任まで、昆虫学委員会の副委員長とともに園芸学術委員会の委員長を兼任した。マーラットは、昆虫とその問題に関する多数の論文や記事を科学雑誌に発表している。昆虫学の専門家として要職を歴任した後、一九五四年にワシントンDCの自宅で永眠した。奇しくもフェアチャイルドと同じ年、八十七歳で鬼籍に入った。

ウイリアム・タフト夫妻

一九一二（明治四十五）年十一月三日の大統領選挙で、ウイリアム・タフトは民主党候補者のトーマス・ウッドロー・ウイルソンに敗れた。ホワイトハウスを去る大統領はコネティカット州ニューヘブンに移り、イエール大学法学院で教鞭をとることになった。そして、共和党のウオレン・グローバー・ハーディングが二十九代目大統領となる一九二一（大正十）年、連邦最高裁判所の首席裁判官に任命される。一九三〇（昭和五）年三月八日に死去する直前まで最高裁長官を務め、七十三歳で逝去した。

ヘレン・タフトは、夫の最高裁長官就任にともなって再びワシントンＤＣの社交界に戻った。社会事業やガールスカウトの名誉副会長などを務めている。未亡人となったヘレンは、若いときから好きだった世界旅行を楽しんだ。エジプト、ロンドン、メキシコ、ナポリなどをめぐっている。そして一九四三（昭和十八）年五月二十二日にこの世を去った。享年八十一歳。死後は、夫の眠るアーリントン墓地に埋葬されている。

高峰讓吉

「ニューヨークに日本の桜を」という夢を実現した高峰讓吉は、その後も「ジャパン・ソサエティー」を活動の場として、日米の架け橋となるべく社会・文化への貢献に尽くした。多くの日本人留学生をも支援している。若き日の野口英世も支援をうけた一人であった。

一八九〇(明治二十三)年の渡米当時から肝臓に持病をもつ高峰であったが、桜移植後には心臓疾患を患うようになっていた。

一九二一(大正十)年十一月から二二年二月まで、首都ワシントンで「ワシントン平和会議」が開催された。第一次世界大戦後の海軍軍縮問題と極東問題について協議し、アメリカ、イギリス、フランス、イタリア、日本における海軍主力艦の比率を採決した会議である。この会議に出席する日本政府の高官たちと時期を同じくして、渋沢栄一を団長とする訪米実業団もアメリカを訪れた。同年十一月、高峰は日本からの両使節団とアメリカの政府高官と実業家を招待すると、ニューヨークのロータリー・クラブにおいて歓迎夕食会を催した。夕食会の華やかさは渋沢をも驚かせるほどに素晴らしいものであった。だが、日本の使節団が帰国した二月ころから高峰の心臓が悪化し始め、春が過ぎると病床に臥す日が多くなっていった。そして七月二十二日、ニューヨークのレノックス・ヒル病院で息を引き取った。享年六十八歳。二日後の二十四日、セント・パトリック教会で葬儀が営まれた。高峰はニューヨークのウッドローン墓地に眠っている。

高平小五郎

一九一〇(明治四十三)年の桜木寄贈失敗に心を痛めている高平小五郎に思わぬ転機が訪れた。この年の五月からロンドンで開催される日英博覧会に、日本の名誉総裁として参加する伏見宮貞愛親王に随行して渡英することになった。ポーツマス講和条約開催の折衝など、外交官として活躍した高平は、一九一二（大正元）年に退官すると故郷の一関に引きこもった。だが、一九一七（大正六）年になると再び貴族院議員に勅撰されて東京にもどった。亡くなるまでその職にあり、一九二六（大正十五）年十一月二十八日に死去した。享年七十三歳であった。

水野幸吉

日本の桜寄贈を日米親善事業という外交ルートに乗せた陰の功労者・水野幸吉は、二回目の桜木がワシントンDCに届くのと前後して日本の本省に戻っている。同年、水野は在清国日本公使館の臨時代理公使として中国に赴任。翌一九一三（大正二）年から、参事官として伊集院彦吉と山座円次郎公使のもとで中国との借款問題や辛亥革命の善後策に奔走した。激務のためか、腹膜炎を起こした水野は、一九一四（大正三）年五月二十三日、北京において死去。享年四十二歳であった。水野は俳人として酔香《すいこう》という俳号をもつ文人でもあった。東京目黒の祐天寺に埋葬されている。

小村寿太郎

名誉挽回の桜木が順調に生育しているころ、小村寿太郎は桂太郎第二次内閣の外務大臣として、長年の懸案であった不平等条約を改正するとともに関税自主権の回復を成功させた。ポーツマス講和会議以降、アメリカの満州に対するあくなき干渉と在米日本人に向けた排斥運動が激化していくなか、対アメリカ交渉に心身を擦り切らせて小村は体調を崩した。一九一一（明治四十四）年八月、外務大臣を辞任する。体調を回復したら、「これまでの日本外交を記録に残し、（中略）今後困難を極めるであろう日米関係をいかにすべきかという論旨をまとめる」ことに専念する予定であった。だが、それから三ヵ月後の十一月二十六日、突如帰らぬ人となった。享年五十六歳であった。東京の青山墓地に眠っている。

内田康哉

「アメリカに対する日本の友情を示すため、一回の失敗にめげず、もう一度桜の寄贈を実行してほしい」と激励した内田康哉アメリカ大使は、一九一一（明治四十四）年八月に帰国する。桂太郎のあとを受けて西園寺公望が内閣総理大臣に就任すると、内田はその外務大臣に任じられた。その後の原敬内閣、高橋是清内閣、加藤友三郎内閣まで、一九一八（大正七）年九月から一九二三（大正十二）年九月までの長期に亘って外務大臣を務めた。この間、外務大臣としてパリ講和会議やワシントン会議をこなした。枢密院顧問や南満州鉄道総裁を歴任し、一九三二（昭和七）年に斉藤実内閣が組閣されると再び外務大臣を務めた。一九三六（昭和十一）年の「二・二六事件」から十五日後の三月十二日に死去。享年七十歳であった。

古在由直

駒場農学校（後の東京大学農学部）農芸化学科を卒業した古在は、帝国大学農科大学教授で教鞭を執る。そして、一八九五（明治二十八）年からドイツのライプニッツ大学に留学する。一九〇〇（明治三十三）年、農学博士号を取得して帰国した古在は母校の教授に就任した。一九二〇（大正九）年から一九二八（昭和三）年まで東大総長を務めている。この間、一九二三（大正十二）年の関東大震災で大学が崩壊すると、大学の再建に尽力した。一九三四（昭和九）年、七十歳で生涯を閉じた。

近藤廉平

東京の大学南校（後の東京大学）を卒業した近藤は、岩崎弥太郎が経営する三菱商会に入社した。岩崎の従妹である豊川従子と結婚後、日清汽船の社長を経て日本郵船会社の社長となる。東京市からの第二回目桜寄贈が行われる前年には「男爵」の爵位が授与された。日本郵船会社の社長を退いた後、帝国貴族院議員となり、一九一九（大正八）年のベルサイユ平和会議に参加している。産業経済面でも、日本の多くの企業を指導した。一九二一（大正十年）年、東京の自宅で逝去。享年七十三歳であった。

珍田捨己

第二回目の桜がシアトルに到着したころ、珍田は駐米全権大使としたてワシントンDCに着任。大統領がウイルソンに代わった一九一三（大正二）年から始まるカリフォルニア州の外国人土地法論議に対し、ウイルソンに法案通過阻止を求める運動を起こしている。一九一六（大正五）年からは駐英国大使としてイギリスに赴任。一九一九（大正八）年のパリ講和会議では全権の一人として参加する。同年、外務省を退官した珍田は枢密院顧問官となる。一九二一（大正十）年、皇太子裕仁親王の欧州訪問にさいし訪欧供奉長として同行した後、侍従長に就任している。一九二九（昭和四）年脳出血で急逝した。享年七十三歳であった。

尾崎行雄

尾崎行雄はワシントンDCへの桜寄贈を成就させた一九一二（大正元）年に東京市長を退任。そして中央の政治活動に復帰すると、憲政擁護運動に身を投じた。一九一四（大正三）年四月、第二次大隈重信内閣が発足すると、一九一六（大正五）年の十月まで司法大臣を務めた。

大正デモクラシーの高まりの中で、尾崎は普通選挙運動に参加していった。婦人参政権運動をも支持した。第一次世界大戦が終わった翌一九一九（大正八）年、大戦後のヨーロッパ諸国の現状視察を目的として外遊する。この時の視察体験から戦災の悲惨さを再認識した尾崎は軍縮論者となる。帰国後は軍縮運動や治安維持法反対の運動を推進して日本の軍国化に抵抗した。一貫して議会制民主主義を擁護する尾崎は、昭和の時代になっても衆議院議員を続けている。

一九三一（昭和六）年、尾崎は娘二人をともなってワシントンDCを訪問した。まだ桜の季節には遠い冬場であったが、タイダル・ベイスンを散歩した。そして二十年ほどまえに寄贈した桜の生長を楽しんだ。

九十四歳になるまで衆議院議員を務めた尾崎は、一九五三（昭和二十八）年の「衆議院議員総選挙」で落選したのをきっかけに政界を退く。六十三年間という議員勤続年数は日本政治史上の最長記録である。そして、翌年十月六日に永眠。享年九十五歳であった。

三好学

三好学は、桜の移植から二年が過ぎた一九一四（大正三）年の夏、アメリカへ出張した折にワシントンを訪問している。タイダル・ベイスンの岸辺で生長する桜木を観察して、「大きいものは丈一丈（約三メートル）、枝張り四・五尺（約一・三メートル）になっている」と報告した。ワシントンDCの気候や風土が日本の桜木に適していたことに喜んだと伝えられる。一九二一（大正十）年、三好は帝国学士院の会員となった。生涯で、百五十点以上の論文や刊行物を出版しているが、一九一六（大正五）年に出版した『Die Japanischen Bergkirschen』は、現在にいたるまで、日本桜についての主要書として数えられている。一九三九年五月十一日、七十七歳の生涯を閉じた。

ポトマックの桜植樹に至るまでの年表・略歴

西　暦	年　号	事　　項
1884年	明治17年	9月、エリザ・シドモア（25歳）は神奈川領事館に勤務する兄ジョージを訪ねて日本に向けて出発。9月11日、上海発の東京丸で横浜に到着。 4月、エリザは上野公園と隅田川・向島にて桜を見物。
1885年	明治18年	初夏、エリザはワシントンDCに帰着。公共土地・建造物管理庁長官に桜植樹の陳情。
1886年	明治19年	4月、浜離宮庭園での観桜御会に参加。11月10日、エリザは赤坂仮御所の観菊御会に参加。
1889年	明治22年	4月、エリザは公共土地・建造物管理庁新長官に桜植樹の陳情。
1890年	明治23年	高峰譲吉と家族は助手の藤木幸助を伴ってシカゴに出発。
1894年	明治27年	8月、日清戦争勃発。高峰譲吉、ジアスターゼを発見。
1897年	明治30年	高峰はデトロイトの製薬会社パーク・デイビス社とタカジアスターゼの製造販売契約を結ぶ。
1899年	明治32年	12月、新渡戸稲造『武士道』の刊行。
1900年	明治33年	5月10日、タフト・フィリピン民政長官を乗せた「ハンコック号」が横浜に寄港。1週間の滞在中、明治政府や宮中を訪問。この時、ヘレンとエリザの出会いあり。8月10日、ヘレン・タフト一家や民政委員の夫人たちが「春日丸」にてフィリピンに出港。10日ほどの航海でマニラに到着。 秋、高峰一家と上中啓三はニューヨークのマンハッタンに移住。
1901年	明治34年	4月2日、マーラット夫妻は調査旅行のため横浜に上陸。直後、米国公使館を訪問。ジョー

		ジ・シドモアに面会。東京の上野公園と向島で桜を見学。9月、マーラット夫妻は桜苗木を注文し、次の調査地・中国に出港。 11月、ラスロップとフェアチャイルドは横浜に寄港。横浜滞在中に横浜植木を訪問。フェアチャイルドは鈴木卯兵衛を訪問。
1902年	明治35年	4月26日、ラスロップとフェアチャイルドは再び横浜に上陸。ジョージ・シドモアに面会。横浜植木の鈴木卯兵衛と再会。帝国植物園の松村任三、桜の蒐集家・高木孫右衛門を訪問。帰国時に横浜植木に桜苗木を注文。4月、マーラットの帰国と農務省への復職。5月、注文の桜苗木の到着と植樹。6月、マーラットはナショナル・ジオグラフィックのエリザを訪問。7月4日、タフトは初代フィリピン総督に就任。8月、ヘレンはマラカニアン宮殿におけるガーデン・パーティーを開催。秋、フェアチャイルド帰国。農務省に復職後、フマーラットを訪ね、交流が始まる。
1903年	明治36年	春、フェアチャイルド購入の桜が届く。カリフォルニア州チコの植物園にて試験栽培。桜移植の失敗。12月23日、タフトはフィリピン総督を退官して帰国。
1904年	明治37年	2月、日露戦争勃発。この頃からアメリカ国内で「日本人排斥論」が横行。 4月、マーラット家の日本桜開花。友人を集めての「お花見」開催。
1905年	明治38年	4月25日、フェアチャイルドはマリアン・ベルと結婚。そして・ナショナル・ジオグラフィック・ソサエティーの役員に就任。エリザとの交流が始まる。 日露戦争後の講和条約仲裁を求めて金子堅太郎

		が訪米。高峰が案内役として同行。9月、「ポーツマス講和条約」の締結。高峰、「日本倶楽部」を創設。高峰がニューヨークに日本桜植樹を計画。
1906年	明治39年	4月、「ウッド」に横浜植木からの桜苗木が到着。「ウッド」にて苗木の実験植樹。初夏、日本人留学生のモーリ（森）が「ウッド」で働き始める。モーリの助力で日本の植物や「桜杜」の造成始まる。
1907年	明治40年	9月30日、タフト夫妻はフィリピンへの訪問途中で日本に立ち寄る。再び皇室表敬訪問。ヘレン・タフトは向島の河岸を訪ねる。 高峰は「日本倶楽部」を「ジャパン・ソサエティー」に発展させる。ここの親睦会にて高峰とエリザの交流始まる。
1909年	明治42年	3月4日、タフトの大統領就任。4月、ヘレンのポトマック河畔公園緑化運動開始。同時期、「ウッド」の日本桜開花とお花見。花見の後、エリザはタフト大統領夫人に日本の桜植樹提案の手紙を書く。4月7日、ヘレンがエリザに返信を書く。4月8日、ワシントン市内で高峰譲吉と水野幸吉とエリザが桜植樹の協力について話し合う。4月12日、ヘレンはレガルドとエリザをホワイトハウスに招待してポトマック公園計画について協議。この時、エリザが高峰からとフェアチャイルドからの桜苗木寄贈の申し出をヘレンに報告。4月14日、野外音楽堂が完成し1週間後に第1回市民コンサート実施。5月17日、ヘレンが脳卒中で倒れる。6月2日、水野は小村寿太郎外務大臣あてに「桜寄贈」の進言書を送付。6月、フェアチャイルドは「桜植樹推進運動」を開始。7月2日、外務省より東

		京市にワシントンへの桜寄贈を依頼。7月12日、高平小五郎大使はノックス国務長官から桜寄贈の件を正式に確認し、小村外務大臣宛てに「桜寄贈」の推進を依頼伝達。7月16日、外務省より東京市に対して「桜の寄贈方促進の申し入れ」を通達。 8月25日、東京市参議会は桜寄贈を決定。26日、東京市は市長名で石井菊次郎外務省次官に正式寄贈を通達。9月、フェアチャイルドはチェビーチェイス造園会社に枝垂れ桜300本を注文。10月13日、尾崎はコスビー長官に桜木寄贈とその発送予定についての書簡を送付。11月24日、日本郵船「加賀丸」が桜苗木2,000本を積んで横浜港出発。12月10日、「加賀丸」シアトルに到着。12月24日、桜を積んだ特別貨車がワシントンに向けて出発。
1910年	明治43年	1月6日、桜苗木のワシントンDC到着。1月19日、マーラットによる桜木検疫検査報告書がウイルソン農務長官に提出。1月28日、タフト大統領桜苗木焼却処分に同意。1月31日、内田康哉大使より小村外務大臣宛てに再度の桜寄贈提言書を発信。2月、寄贈桜の焼却処分。東京市は寄贈桜失敗の原因究明を開始。3月17日、尾崎市長は石井次官より内田書簡の写しを受信。 4月初旬、スーザン・サイプの協力を得て、「ウッド」で児童のための「桜講習会」を開く。フェアチャイルドは「全米植樹祭」で講演し、ワシントン市内での桜植樹を呼びかける。4月21日、外務省の要請により、東京市は再び桜木の寄贈を決定。4月末、尾崎は農商務省農事試験場長の古在由直博士を訪問。5月頃、エリザの「桜購入募金運動」開始。9月頃、東京市の

		要請により、農商務省農事試験場は無虫害桜苗木の育成を承諾。古在は桜苗木栽培特別研究班を設置。台木の採取は兵庫県の東野村、苗木栽培を興津園芸試験場に決定。11月末、東野村の台木完成。12月興津園芸試験場に発送。12月30日、東京の穂木が興津園芸試験場に出荷。
1911年	明治44年	1月から接木作業の開始。2月、接木苗木は場内の苗床に仮植。
1912年	明治45年	2月6日、中村俊輔と井下清による桜苗木検分立ち合い。2月7日、苗木の積み込み作業終了。 2月8日早朝、苗木を積んだ貨車が興津駅を出発。2月9日、横浜港にて苗木梱包作業終了。 2月14日、6,040本の桜苗木が日本郵船の「阿波丸」に積まれて横浜港出発。3月、珍田駐米大使夫妻ワシントンDCに着任。3月13日、桜苗木を積んだ特別貨車がシアトル港出発。3月26日、桜苗木がワシントンに到着。着後すぐに検疫検査開始。ヘレンは尾崎に対して謝礼の手紙を送付。3月27日、ポトマック公園河畔にて、タフト大統領夫人と珍田大使夫人による寄贈桜の植樹。同日、珍田大使より内田康哉外務大臣に宛てて、桜植樹報告の電信。 3月28日、高峰譲吉宛ての桜木がニューヨークに到着。4月4日、コスビーによる感謝の手紙を尾崎に送付。4月28日、ニューヨーク市ハドソン河クレアモント公園で日本桜の植樹式開催。
1914年	大正3年	7月、第一次世界大戦勃発。夏、三好学博士のポトマック河畔訪問。
1915年	大正4年	5月、スウイングル博士より桜寄贈の返礼でアメリカの白ハナミズキを40本贈呈。ハナミズキは小石川植物園、静岡県興津の園芸部、東京都立園芸高校庭などに植樹。

1917年	大正６年	フェアチャイルド、赤いハナミズキ十三本と繁殖用の種子を日本に寄贈。
1921年	大正10年	10月～翌年２月、ワシントン会議開催。
1924年	大正13年	５月26日、ウイルソン大統領は「排日移民法案」に署名。
1925年	大正14年	５月、エリザはジュネーブに移住。
1927年	昭和２年	４月16日、第一回ワシントン桜祭りの開催。
1928年	昭和３年	11月３日、エリザ、ジュネーブの自宅で永眠。
1929年	昭和４年	11月30日、横浜横手外国人墓地にエリザの納骨式挙行。
1931年	昭和６年	冬、尾崎は娘二人をともなってワシントン DC を訪問。

著者紹介

海野　優（うんの　ゆたか）

1948年　静岡市生まれ
1972年　中央大学法学部政治学科卒業
1975年　青山学院大学院法学研究科・言論法制専攻卒業
1987年　メリーランド州立大学大学院・ファミリー&コミュニティー・ディベロップメント専攻終了
1974年　ユネスコ・アジア文化センター・図書開発部勤務
1985年　MD モンゴメリーカウンティー HOC の学童保育プログラム勤務
1997年　各種研究者のアシストとゲストハウスのために URTA を開業

主要著書：

『地球の歩き方・ワシントン DC2017-2018』のコラム，地球堂，2000-2017年
『子供の時代』（共訳）学文社，1996年
「米国の STP インターンシップ」『文部科学時報』2007年
『アメリカの公立小学校で教壇に立つ日本の大学生』文部科学時報，2008年
『アメリカ人留学生から見た日本の大学教育』留学交流，2010年
『東京慈恵会医科大学看護学生のアメリカ研修』留学交流，2011年
電子書籍『ホアン － 雨のサイゴン』（WASEDABOOK），2013年

ポトマックの桜物語—桜と平和外交　　◎ **検印省略**

2017年 2 月20日　第一版第一刷発行

著　者　海　野　　優
発行所　株式会社　学　文　社
発行者　田　中　千津子

〒 153-0064　東京都目黒区下目黒 3－6－1
電話 03（3715）1501　振替 00130－9－98842
http://www.gakubunsha.com

ISBN 978-4-7620-2700-0
印刷／東光整版印刷株式会社